KB021918

혼자라도,
함께라서 좋은

혼자라도,
함께라서 좋은

초판1쇄발행 2019년 3월 4일
2쇄발행 2019년 4월 26일

지 은 이 강기석
펴 낸 이 이기성
편집팀장 이윤숙
기획편집 최유윤, 이민선, 정은지
표지디자인 최유윤
책임마케팅 임용섭, 강보현
펴 낸 곳 도서출판 생각나눔
출판등록 제 2018-000288호
주 소 서울 잔다리로7안길 22, 태성빌딩 3층
전 화 02-325-5100
팩 스 02-325-5101
홈페이지 www.생각나눔.kr
이 메 일 bookmain@think-book.com

• 책값은 표지 뒷면에 표기되어 있습니다.
ISBN 979-11-90089-04-3 (03910)

• 이 도서의 국립중앙도서관 출판 시 도서목록(CIP)은 서지정보유통지원시스템 홈페이지(http://seoji.nl.go.kr)와 국가자료공동목록시스템(http://www.nl.go.kr/kolisnet)에서 이용하실 수 있습니다(CIP제어번호: CIP2019014913).

혼자라도,
함께라서 좋은

혼자라도 괜찮습니다.

함께라면 더욱 좋겠지요.

사색과 치유의 풍경 속에서 행복하시길.

함께 하고 싶은__________님께

프롤로그

다시 책을 세상에 내놓으려 한다. 몇 해 전 첫 책이 나왔을 때의 기쁨과 설렘도 잠시, 이후의 부담감과 부끄러움은 오롯이 내가 감당해야 할 몫이었다. 그럼에도 다시 이 무모하고도 수고스러운 작업을 되풀이한 것은 '죽기 전에 제대로 된 책 한 권 내고 싶다'는 오래되고 지치지 않는 꿈 때문이다.

진정 좋은 것은 질리지 않는다. 어느 때고 다시 찾아도 친근함으로, 혹은 마르지 않는 샘물처럼 끊임없는 매력으로 우릴 맞아준다. 혼자라도 좋고, 함께라면 더할 나위 없이 좋은 곳들을 함께 하고 싶은 마음으로 글을 쓰고 사진들을 찍었다.

욕심을 버리려 애썼지만 차고 넘친다. 소망했던 눈높이에는 여전히 턱없이 모자라다. 그래서 조용히 세상에 내놓으려 한다. 작은 서점 책꽂이에서 먼지만 쌓여가다 사라질 운명이라 해도 괜찮다. 혹시나 어느 누군가의 여행에 작은 도움이라도 된다면 더 바랄 것이 없겠다.

그 오래전 어느 새벽 성산일출봉에서 나를 일깨웠던 날카로운 카메라 셔터 소리처럼, 모자란 글과 사진이 누군가에게 봄비처럼 스며들었으면 참 좋겠다. 그대 생에서 간절히 돌아가고 싶은 그 하루가 바로 지금이기를.

풍경을 거닐고, 사색하면서 그대 마음의 생채기들이 아물기를. 사막처럼 황량한 마음에 푸른 나무숲이 가득하기를. 그대의 여행에 모차르트 클라리넷 협주곡 1악장과 Caro mio ben의 선율이 함께이길.

2019년 1월

금호강이 바라보이는 죽곡에서

봄을 기다리며 輝凉

차례

첫 번째 여행지 안동·의성

낙동강에 띄워진 한 척의 돛단배, 병산서원

여러 볼거리를 곳곳에 숨겨 놓은 병산서원이라지만, 역시 그중에 제일은 만대루라 하겠다. 만대루에 올라 굽이쳐 흐르는 낙동강을 바라보는 느낌을 뭐라 설명할 수 있을까. 아마 직접 경험해보지 않은 사람은 이해하지 못할 것이다. 만대루에 오르면 눈앞에 펼쳐진 낙동강이 손에 닿을 듯 더욱 가까워진다. 그 순간 만대루는 낙동강에 띄워진 한 척의 돛단배와 다름없다. 마치 시간이 멈춰 서있는 듯한 느낌. 복잡다단하게 흘러가는 세상일엔 전혀 무관심한 듯 자연의 일부가 되는 듯한 기분은 병산서원이 주는 선물이기도 하다.

병산서원은 복례문과 담장을 통해 외부와 구분된 공간이지만, 정면에 보이는 낙동강과의 사이에 만대루를 배치함으로써 수려한 자연경관을 서원의 차경(借景)으로 끌어들인 한국 전통 건축의 백미(白眉)로 평가받고 있다.

▌역시 여름을 빛내주는 것은 배롱나무꽃이다. 밋밋한 여름 풍경 속에서 배롱나무꽃의 붉디붉은 빛은 확연히 도드라져 보인다. 화려한 봄꽃의 향연과 울긋불긋 타오르는 만엽 홍산 가을 단풍을 이어주는 고마운 꽃이다. 하루 이틀 남몰래 피었다 지는 것도 아니고, '목백일홍'이란 이름처럼 무려 백일 동안이나 피어 우리의 눈을 즐겁게 해주니 얼마나 대견한가.

배롱나무꽃을 보러 굳이 멀리 갈 필요는 없다. 명옥헌 원림 같은 이름난 명소는 아닐지라도 가까이에도 좋은 곳들이 많기 때문이다. 낙동강을 따라 난 좁다란 흙길로 병산서원을 찾아가는 길은 언제나 묘한 기대감을 불러일으킨다. 불편하긴 하지만 어릴 적 추억이 떠오르는 길이다. 마주 오는 차를 만나면 잠시 멈춰 비켜 주어야 한다. 뽀얗게 피어오르는 먼지가 마땅찮을 때도 있다. 하지만 시간이 갈수록 옛 모습 그대로의 길이 소중하게 느껴진다.

처음 병산서원을 찾았을 때 생각이 난다. 해마다 수많은 관광객이 찾는 명소인 병산서원 가는 길이 고작 이 정도라니. 제대로 가고 있는 것이 맞나 의구심이 들었다. 차 두 대가 겨우 비켜 갈 정도였고 바닥은 울퉁불퉁했다. 차는 내내 덜컹거렸고, 동행했던 지인들은 내내 미심쩍은 눈빛이었다. 좁고 제대로 포장도 하지 않은 이 길이 도통 이해가 되지 않았다. 그땐 하루빨리 손을 좀 보라고 안동시에 건의하고 싶은 마음이었는데, 몇 년의 세월이 흐른 지금은 완전히 다른 생각이다.

옛 모습 그대로 있어 줘서 고마울 따름이다. 눈 아래 시원스레 펼쳐진 낙동강 물줄기를 옆에 거느리고 수백 년 전으로 되돌아가는 듯 착각마저 드는 길을 따라 한참을 들어가면 유서 깊은 병산서원과 마주하게 된다. 붉게 피어난 배롱나무꽃이 병산서원 구석구석을 환히 비

누각을 받치고 있는 기둥들은 나무의 본래 모습 그대로를 살렸으며 인위적으로 다듬지 않아 자연스러운 형태의 주춧돌 위에 세워져 있다. 그래서인지 오래된 기둥을 만지노라면 나무의 촉감이 따뜻하게 전해지는 듯하다.

줘주는 느낌이다. 모든 것이 여전하다. 만대루는 병산을 병풍 삼아 그 자리를 굳건히 지키고 있고, 더 이상 오를 수 없는 만대루를 대신해 입교당 마루가 사람들에게 자리를 내어주고 있다.

병산서원의 원래 이름은 '풍악서당'이었다. 고려 말 풍산 류씨 가문의 사학이었는데, 풍산현에 있던 것을 조선 선조 5년에 서애 류성룡이 지금의 자리로 옮겼다고 한다. 이후 광해군 때 지방의 유림들이 류성룡의 학문과 덕행을 추모하기 위해 위패를 모셨고, 철종 14년에는 '병산(屛山)'이라는 편액(扁額)을 하사받아 사액서원으로 승격되었다. 많은 유림을 배출했으며, 흥선대원군의 서원 철폐령에도 불구하고 현재까지 그 원형을 유지하고 있는 몇 안 되는 서원 중 한 곳이다.

규모가 그리 크지는 않다. 천천히 거닐며 둘러보는 데 몇 분이 채

걸리지 않는다. 그러나 병산서원이 지닌 그 멋스러움을 제대로 즐기려면 여유롭게 몇 시간 이상 머물러 보기를 권한다. 잘 정돈된 구석구석마다 자세히 살펴보지 않으면 찾을 수 없는 보물들이 숨겨져 있기 때문이다. 계절의 순환 속에 각기 다른 모습을 보여주지만, 그 깊은 속내는 변함이 없다.

가운데 대청은 유생들의 강학(講學) 공간으로 활용했고, 좌 · 우측의 방은 원장이 기거하거나 교무실로 사용되었다. 아궁이가 건물 앞쪽에 배치된 것이 특징적이다.

병산서원의 보물들을 제대로 살펴보려면 먼저 서원의 기본적인 구조와 공간 구성 형태를 알아볼 필요가 있다. 통상 서원은 배움을 갈고 닦는 강학(講學) 공간과 뛰어난 유학자를 기리는 제향(祭香) 영역으로 공간을 양분한다. 학자에 따라서는 선비들이 자연을 벗하며 머리를 식히거나 호연지기를 키우던 정원이나 누대를 '유식(遊息) 공간'이라 하여 별도로 구분하기도 한다. 도학에 뛰어난 학자를 추모하고 그 가르침이 지역에 널리 확산되도록 했던 조선 초기 유학자들의 바람이

서원 건축을 통해 구현된 것이라 볼 수 있겠다.

서원은 우리나라 유교 문화의 중심이자 학문을 대하는 선비들의 마음가짐을 되새겨 볼 수 있는 공간이다. 선현을 모시고 그들의 학문과 사상을 이어받을 인재를 키우는 교육기관이기도 하다. 선현을 향한 흠모의 정은 사당을 짓고 제향하는 행위를 통해 발현되었고, 선현의 학문을 따라 배우려는 정신은 강당과 재에서 구현되었다. 웅장한 규모와 화려한 장식을 자랑하는 궁궐 건축과 달리 서원은 소박하고 검소하며 고졸(古拙)한 것이 특징이다.

전국의 여러 서원을 다니다 보니 차이점이 눈에 띄기도 한다. 안동의 병산서원과 도산서원, 함양의 남계서원, 대구 달성의 도동서원 등 대체로 경상도 지역의 서원들이 계단식 배치로 엄정한 위계질서를 드러낸 것에 비해 장성 필암서원, 정읍 무성서원, 논산의 돈암서원과 같이 전라도나 충청도의 서원은 평지에 자리를 잡고 있는 경우가 많아서 평면적으로 보인다. 하지만 이것 또한 각각의 건물들이 놓일 입지의 특성을 고려한 것일 뿐 영주 소수서원이나 경주 옥산서원이 놓인 자리 또한 지극히 평탄한 것을 보면 단순히 지역을 구분 지어 일반화하기엔 무리가 있다. 앞서 얘기한 아홉 곳의 서원은 유네스코 세계문화유산 등재를 신청해 놓은 상태이며 조만간 등재될 예정이라고 한다.

배롱나무 숲을 양옆으로 거느리고 복례문을 들어서면 본격적인 병산서원의 영역이다. 서원에는 외부와의 경계를 짓는 정문인 외삼문과 선현을 모셔 놓은 사당에 삿된 기운이 침범하지 못하도록 내삼문을 두었다. 서원의 정문이 삼문(三門)인 것에 비해 병산서원의 복례문은 가운데 칸만 판문(板門)이고, 좌우로는 담장과 구분되게 벽체를 한 칸씩 두어 이채롭다. '복례(復禮)'라는 이름은 『논어』의 '극기복례위인(克

己復禮爲仁)'이란 경구에서 유래하였는데, "자기를 낮추고 예(禮)로 돌아가는 것이 곧 인(仁)이다."라는 유학의 자기 절제의 정신을 표현한 것이다. 원래는 만대루 동편에 있던 것을 지금의 자리로 옮겨 놓은 것인데, 서원 앞에 병풍처럼 펼쳐진 병산의 험한 형세를 피하고자 했던 풍수 원리가 담겨있다고 한다.

만대루 아래를 지나 마당에 들어서면 강학 공간인 입교당과 동재, 서재가 정연하게 자리를 잡고 있다. 입교당(立敎堂)은 서원의 가장 핵심적인 건물인 강당이다. 원래의 명칭은 숭교당(崇敎堂)이었고, 명륜당이라고도 했다. 가르침을 바로 세운다는 의미로 서원의 한 가운데에 있다. 강학당을 중심으로 동쪽의 명성재(明誠齋)와 서쪽의 경의재(敬義齋)로 나뉜다. 양쪽 방에는 온돌을 놓았고 강학당은 세 칸의 대청으로 터놓았다. 툇마루를 둔 명성재에는 원장이 기거했으며, 경의재는 서원의 업무를 보는 곳이었다. 입교당과 만대루 사이의 마당을 가운데로 하고 동재와 서재가 대칭 형태로 마주 보고 있다. 유생들의 기숙사였던 두 건물은 좌고우저(左高右低)의 원리에 따라 동재에는 상급생들이, 서재에는 하급생들이 기거하였다.

강당인 입교당 뒤에는 장판각이 왼쪽으로 비켜 서있다. 책을 인쇄할 때 쓰이는 목판과 유물을 보관하던 곳인데, 습기를 피하기 위해 정면에 모두 판문을 달았다. 화재에 대비하기 위해 다른 건물과 거리를 두어 독립적인 공간을 마련하였다. 서원의 명성을 좌우하는 주요 기준 가운데 하나가 판본의 소장량이라 여겨졌으니 서원의 소중한 재산이었다.

서원의 가장 높은 자리는 역시 사당의 몫이다. 병산서원의 사당인 존덕사(尊德祠)는 서애 류성룡을 주향(主享)하고, 서애의 셋째 아들인 수

암 류진을 배향(配享)하고 있다. 사당에 올릴 제물을 준비하는 역할을 하는 전사청을 부속 건물로 해 한 울타리 안에 두는 것이 보통인데, 이곳 병산서원은 각각 독립된 영역으로 분리하여 사당 오른편에 따로 배치하였다. 서원들을 둘러볼 때 눈여겨볼 만한 대목이다.

만대루와 복례문 사이에 물길을 끌어들여 만든 광영지(光影池)는 병산서원의 숨겨진 보물이라 할 만하다. 지금은 흙으로 메워져 형태만 남아 옛 모양을 짐작게 한다. 여느 조선 시대 정원과 마찬가지로 '천원지방(天圓地方)' 형태의 연못으로 조성했다. 우리나라 전통 연못의 조성 원리로 조상들의 우주관이 상징적으로 표현된 것이다. 땅을 의미하는 네모진 연못 가운데, 하늘을 상징하는 둥근 섬을 두었다.

서원에 이렇듯 연못을 조성한 사례는 많지 않지만, 함양에 있는 남계서원에는 동재와 서재 앞마당에 두 개의 연못을 두어 해마다 여름이면 수련이 예쁘게 피어난다. 더러운 진흙 속에서 연꽃이 고결함을 뽐내며 소담스레 피어나듯, 우리의 마음속에 숨어 있는 맑고 향기로운 본성이 발현될 수 있도록 노력해야 한다는 가르침이다. 서원을 거닐며 우리가 보아야 할 것은 건축물과 풍경 너머에 숨은 넓고 깊은 사색의 세계가 아닐까.

광영지의 규모는 크지 않지만, 자연과 벗하며 학문에 정진할 수 있도록 배려한 유식공간(遊息空間)이자 '서원 속의 정원'이다. 한참을 앉아 바라보고 있노라면 연못에 떨어진 배롱나무 꽃송이들이 천체의 운행을 따라 둥글게 소용돌이친다. 병산서원을 찾을 때면 언제나 이 연못 앞에서 한참을 머물게 된다. 흙으로 메워지기 전에는 어떤 모습이었을지 각자의 상상력을 발휘해보며, 그 오래전 선비의 마음이 되어 걸어보는 것도 좋겠다.

만대루 넓은 누마루에 늦은 오후의 따스한 햇볕이 비치고 있다. 길이가 20미터에 달하는 이 만대루는 창호와 벽이 없이 텅 빈 공간으로 존재함으로써 낙동강 건너의 풍경으로 그 속을 가득 채우고 있다.

달팽이 뒷간도 빼놓지 말아야 할 볼거리다. 재미난 이름을 가진 이 건물은 서원 담장 밖에 있는 화장실인데 담장이 시작되는 부분이 끝 부분에 가리도록 둥글게 감아 세워 놓은 모양이 달팽이를 닮았다 해서 그리 불린다. 따로 출입문을 달아 놓지 않아도 안의 사람이 밖으로 드러나지 않도록 배려한 구조이다. 관광객들이 가까이 다가가 체험해보고픈 마음이 생기게끔 흥미로운 스토리를 만들어 본다면 병산서원 관람의 묘미가 또 하나 생기지 않을까 생각해본다.

여러 볼거리를 곳곳에 숨겨 놓은 병산서원이라지만, 역시 그중에 제일은 만대루라 하겠다. 만대루에 올라 굽이쳐 흐르는 낙동강을 바라보는 느낌을 뭐라 설명할 수 있을까. 아마 직접 경험해보지 않은 사람은 이해하지 못할 것이다. 만대루에 오르면 눈앞에 펼쳐진 낙동강이 손에 닿을 듯 더욱 가까워진다. 그 순간 만대루는 낙동강에 띄워진 한 척의 돛단배와 다름없다. 마치 시간이 멈춰 서있는 듯한 느낌이다. 복잡다단하게 흘러가는 세상일엔 전혀 무관심한 듯 자연의 일부가 되는 듯한 기분은 병산서원이 주는 선물이기도 하다.

가운데 칸만 판문이고, 좌우로는 담장과 구분되게 벽체를 한 칸씩 두어 이채롭다. '자기를 낮추고 예(禮)로 돌아가는 것이 곧 인(仁)이다.'라는 유학의 자기 절제 정신을 표현하였다.

만대루는 복례문과 입교당 사이에 자리 잡고 있는데 우리나라 서원의 누각 가운데 가장 큰 규모를 자랑한다. 동서 간 길이가 20미터이며, 1층은 기둥만 세우고 2층 누각은 창호와 벽이 없이 완전하게 개방된 형태이다. '만대(晚對)'라는 이름은 당나라 두보의 시 「백제성루」의 "푸른 절벽은 오후 늦게 대할 만하니"라는 "취병의만대(翠屛宜晚對)"에서 유래되었다고 한다. 시구(詩句)처럼 늦은 오후의 따사로운 빛이 비치는 만대루가 역시 제격이다.

만대루에는 여전히 출입 금지 안내판이 올려져 있다. 넓은 누마루에 앉아 낙동강의 도도한 흐름 속에 시간을 낚았던 옛사람의 호사를 더는 누릴 수 없음이 안타깝다. 이제는 더 이상 오를 수 없는 만대루를 바라보며 소중한 무언가를 빼앗겨 버린 상실감에 잠긴다.

만대루에 올라 번잡한 세상을 잊고 호젓한 시간을 보낼 수는 없게 되었지만, 당분간은 멀찍이서 만대루 자체의 아름다움을 감상하는 것으로 아쉬움을 달랠 수밖에 없다. 목조건물에는 사람의 온기가 더해져야만 그 생명이 오래가는 법이라고 하는데 언제부터 만대루는 그저 눈으로만 감상해야 하는 박물관 속 유물처럼 변해버린 느낌이다. 언제쯤 만대루에 다시 오를 수 있을지 매번 조바심이 난다.

세월은 무심하게 흐르고, 그 세월을 따라 사람들도 변하겠지만 언제든 이곳은 예전처럼 우리를 반겨줄 것이다. 그래야만 한다. 사람들이 불편을 마다치 않고 흙먼지 날리는 시골길을 달려서까지 병산서원을 찾는 이유는 늘 변함없는 편안함으로 우리를 맞이해줄 것을 믿기 때문이다. 모든 것이 변하는 세상에, 꿋꿋하게 제 자리를 지키고 있는 소나무 같은 존재가 하나쯤 있어 줘야 하는 것 아니겠는가.

첫 번째 여행지 안동·의성

산사에서 되새기는 넓고 깊은 응시의 충만함, 봉정사

봉정사에 오면 서로 다른 얼굴을 한 세 개의 마당을 제대로 보아야 한다고 누군가 이야기했었다. 절집에서 흔히 보이는 석등과 석탑조차도 없는 대웅전의 엄숙한 마당, 극락전 앞의 정겨운 마당, 감정 표현이 도드라지게 나타난 영산암 마당이 그의 눈길을 사로잡은 듯하다.

마당을 제대로 보아야 한옥을 제대로 보았다고 말할 수 있다는데, 나는 봉정사에서 세 개의 얼굴을 보았으되, 전혀 다른 느낌의 얼굴을 보았으니 사람마다 보는 눈은 다른 법인가 보다.

영산암 마당은 아기자기하게 꾸미기를 즐기는 어느 사대부 집안의 마당을 보는 듯하다. 정연하고 단정해야 할 수도자의 집 마당에 어울리지 않을 법한 화려하고 세속적인 느낌이 물씬 풍기는 곳이다.

일상의 번잡함을 지워보려 절을 자주 찾곤 한다. 그저 바람에 몸을 내맡기고 있노라면 산사의 적요(寂寥)를 깨우는 풍경 소리와 스님의 진중한 독경 소리, 목탁 소리뿐이다. 혼탁한 속세의 소리가 사위어지는 것 같아 참 좋다. 잠시나마 일상의 상념들에서 벗어나 내 안의 소리에 고요히 집중할 수 있는 소중한 공간이다. 그중에서도 봉정사는 내가 사랑하는 절집으로 손꼽을 만한 곳이다.

봉정사는 경북 안동시 서후면의 천등산에 자리 잡고 있다. 현재 남아있는 여러 기록에 따라 신라 문무왕 때 의상 대사의 제자인 능인 대사가 창건한 것으로 추정하고 있다. 능인 대사가 젊은 시절 대망산(천등산의 옛 이름) 바위굴에서 수도를 하고 있었는데, 스님의 도력에 감복한 천상의 선녀가 바위굴에 등불을 내려 환하게 밝혀주었다고 한다. 그때부터 산 이름을 '천등산', 굴을 '천등굴'이라 불렀다는 이야기다.

'봉정사'라는 절 이름에 대해서도 전해 내려오는 이야기가 있다. 의상 대사가 부석사에서 종이로 봉황을 접어 날리니 봉황이 이곳으로 날아와 머물렀다 하여 봉정사(鳳停寺)라 불린다. 원래 모든 이름에는 그에 어울릴만한 전설이 전해져 내려오는 법인데, 봉정사 역시 예외는 아니다. 물론 이에 대한 반론도 없지 않다. 오히려 봉정사가 부석사보다 창건 연대가 4년이나 빠르다는 지적이다. 굳이 시시비비를 따지기보다는 신비로운 이야기를 통해 사람들의 신심(信心)을 돋워보려는 뜻으로 이해하는 편이 좋겠다.

대부분의 오래된 사찰이 산중에 있는 것은 흔한 일이지만, 이곳 봉정사의 초입에서 일주문에 이르는 숲길 또한 무척 아름답다. 아름드리 소나무를 비롯해 오래된 나무들로 가득한 숲이 내뿜는 맑은 공기가 심신을 맑게 해준다. 몇 해 전에는 진입로를 아스팔트로 포장했는

여느 신라계 사찰과 같이 본전인 대웅전에 닿으려면 돌계단을 걸어 만세루 누각 밑을 통과해야 한다. 현판의 필체가 봉황의 날갯짓처럼 시원스럽다.

데, 차로 오가기는 편해졌지만 날것 그대로의 자연스러움이 사라져버려 오히려 아쉽다.

이왕이면 숲길을 걸어 봉정사 깊은 마당까지 당도하길 권하고 싶다. 잠깐의 편안함에 몸을 의지한다면 소중한 무언가를 놓쳐버릴 것이 분명하기에. 차를 타고서는 불과 몇 분이면 오르는 길을, 사방에 널린 자연에 마음을 집중하면서 한참을 걷노라면 사물을 바라볼 때 느껴지는 넓고 깊은 응시의 충만함에 가슴이 벅차오를 것이다.

길을 잠깐 벗어나 계곡으로 발걸음을 옮겨도 좋다. 매표소에서 왼쪽 계곡 쪽으로 가다 보면 단정하게 자리 잡고 있는 누각이 한 채 있다. 원래 이름은 낙수대(落水臺)였는데, 중국 서진(西晉) 시대의 시인 육기(陸機)가 쓴 "나는 샘이 명옥을 씻어내리네(飛泉漱鳴玉)"라는 시구에서 글귀를 따 '명옥대(鳴玉臺)'라 고쳤다고 한다. 시냇물 흐르는 소리가 옥구슬 구르는 소리 같다는 담양의 명옥헌이 절로 떠오르는 이름이다.

퇴계의 숙부이자 스승이었던 이우(李堣)는 조카에게 각별한 관심을 가졌던 모양이다. 그래서 한 마리 학처럼 기품 있는 땅의 기운을 지닌 이곳에 머물게 했다고 한다. 이런 연유로 퇴계 선생이 16살 때 봉정사에서 사촌인 이수령, 권민의, 강한과 함께 3개월 정도 독서를 했는데, 후대에 후학들이 이를 기념하여 고고한 선비의 자태를 닮은 누각을 세운 것으로 전해지고 있다. 퇴계 선생은 봉정사에서 친구들과 수학하던 시절을 추억하며 노년의 소회(所懷)를 「봉정사서루(鳳停寺西樓)」라는 시로 남기기도 했다.

퇴계 선생의 유적지인 명옥대 말고도 봉정사에는 숨겨진 보석이 또 하나 있다. 하지만 절을 찾는 사람들은 대부분 모르고 지나쳐 버린다. 원체 절의 깊은 곳에 자리 잡고 있어 사람들의 이목을 끌기에 모자람이 있다. 요사채 뒤편의 낮은 산자락에 자리 잡고 있는 영산암이 바로 그곳이다. 영산암은 봉정사에 딸린 참선방이다. 영화 『달마가 동쪽으로 간 까닭은』을 촬영한 곳으로도 유명하다. 화려한 볼거리가 많은 곳은 아니지만, 꼭 들러봐야 할 만한 이유가 있다.

한눈에 봐도 오래된 티가 확연한 우화루 밑으로 난 작은 대문으로 몸을 숙이고 영산암에 들어서면 작은 승방이 몇 곳에 나뉘어 있다. 절의 영역에 있되, 사대부 집처럼 지어 독특한 분위기를 풍긴다. 그러나 영산암에서 눈여겨봐야 할 것은 건물이 아니라 바로 마당이다. 이 넓지 않은 마당에는 수도자들이 머무는 공간인 절과 어울리지 않아 보이는 인공의 아름다움이 느껴진다.

유홍준 교수는 영산암 마당을 두고 감정의 표정을 이렇게 많이 담은 마당을 본 적이 없노라고 얘기했다. 봉정사의 기도처인 대웅전과 극락전의 앞마당은 정연(整然)한 데 반해, 영산암 앞마당은 일상의 편안함이 깃들어 있다는 것이다. 문외한인 내 눈에도 분명 영산암은 보통의 절이나 암자에서 느껴지는 엄격한 규율보다는 보통 사람들의 평범한 삶의 흔적이 묻어난다. 봉정사 안에 있되, 봉정사와는 전혀 다른 분위기를 풍긴다.

'영산암'이란 암자 이름은 석가모니 부처가 경전을 설법하였던 영취산에서 유래하였는데, 보통은 줄여서 영산이라 부른다. 영산암으로 들어서는 우화루의 이름이 예사롭지 않다. '우화'란 말 그대로 '꽃비'를 뜻하는데 석가모니 부처가 영취산에서 법화경을 처음 설법할 때 범천왕이 감복하여 꽃을 향기로운 바람에 실어 보냈다는 것에서 유래한 말로 환생을 뜻한다.

봉정사 극락전은 현재 우리나라에 남아있는 목조 건축물 가운데 가장 오래되었다. 1973년 해체 수리 때 발견된 묵서명에 의하면 1363년 중수가 있었다고 하는데, 이를 근거로 학계에서는 극락전의 건립 연대를 13세기 이전으로 추정하고 있다.

늦은 봄날 저녁에 꽃잎이 비처럼 쏟아지던 날의 묘한 분위기가 떠오른다. 어디가 속세인지, 어느 곳이 부처님의 세상인지 분간하기 어려웠다. 우화루 현판은 원래 극락전 입구에 있던 것인데 극락전을 보수하며 출입문과 벽을 허물게 되어 이곳에 옮겨 달게 된 것이다. 원래 자리를 떠난 것이지만, 지금 자리가 더 잘 어울리는 듯 느껴진다. 바위 위에 뿌리를 내리고 가지를 뻗은 반송의 모습이 수행자의 결연한 기개를 드러내는 듯하다.

그래도 '봉정사' 하면 자연스레 떠오르는 것이 바로 극락전이다. 목조건물의 박물관이라는 칭송을 듣는 봉정사의 여러 건축물 중에서도 제일로 친다. 극락전은 배흘림기둥으로 유명한 부석사의 무량수전을 뛰어넘어 현존하는 우리나라 최고의 목조건물로 인정받고 있다. 국보 제15호로 지정되어 있으며 봉정사를 찾는 사람들이 꼭 들러보는 필수 코스기도 하다.

극락전은 정면 3칸, 측면 4칸짜리 단층 맞배지붕 형태다. 우진각지붕이나 팔작지붕에 비해 단순한 구조라서 화려한 맛은 덜하다. 다소 밋밋해 보이는 극락전 앞마당의 빈 공간을 삼층 석탑이 넉넉하게 채워주고 있다. 극락전은 통일신라 시대 건축양식을 이어받은 고려 시대 건물로 평가되고 있다. 1972년에 이 건물을 대대적으로 해체·수리한 적이 있었는데, 이때 역사적인 발견이 있었다.

상량문의 묵서명(墨書銘)에 공민왕 12년인 1363년에 극락전의 옥개부를 중수(重修)하였다는 기록이 남아있었던 것이다. 목조건축물을 지은 뒤 통상 100년이나 150년이 지나면 대대적인 중수를 하는 것이 일반적이어서 이 기록을 근거로 학계에서는 극락전의 건립 연대를 12세기 이전으로 추정하고 있다. 우리나라에서 가장 오래된 목조건축물이 부석사 무량수전에서 봉정사 극락전으로 뒤바뀌게 된 일대 사건이었다.

그런데 나는 역사적 가치로 인해 봉정사를 대표하는 건물이 된 극락전보다 대웅전이 좋다. 대웅전이 더 고풍스럽게 느껴지고 아름다워 보인다. 정갈하게 쓸려진 대웅전 마당을 마치 구름 위를 걷듯 지나가는 스님의 모습에 넋을 놓았던 기억이 생생하다. 넓은 마당에 탑도 하나 없이 덩그러니 외로워 보이는 대웅전에서 만세루를 바라보는 전망 또한 시원스럽다.

봉정사 서편의 극락전이 신의 영역처럼 엄격하고 절제되어 있다면, 동쪽에 있는 대웅전은 성속(聖俗)이 함께 공존하는 공간처럼 느껴진다. 만세루 밑 계단을 걸어올라 마주하게 되는 대웅전의 모습 또한 일반적인 불전의 모습과는 다르다. 대웅전에는 툇마루와 난간이 있어서인지 어느 고택에 놀러 온 것처럼 친근하게 다가온다. 따뜻한 느낌이다. 우리와 부처가 다르지 않으며, 누구나 부처가 될 수 있다는 믿음이 이런 대목에서 기인하는 것인지도 모르겠다.

봉정사에 오면 서로 다른 얼굴을 한 세 개의 마당을 제대로 보아야 한다고 누군가 이야기했었다. 절집에서 흔히 보이는 석등과 석탑조차도 없는 대웅전의 엄숙한 마당, 극락전 앞의 정겨운 마당, 감정 표현이 도드라지게 나타난 영산암 마당이 그의 눈길을 사로잡은 듯하다. 마당을 제대로 보아야 한옥을 제대로 보았다고 말할 수 있다는데, 나는 봉정사에서 세 개의 얼굴을 보았으되, 전혀 다른 느낌의 얼굴을 보았으니 사람마다 보는 눈은 다른 법인가 보다.

비 내리던 어느 여름날 만세루 마루에 앉아 세차게 쏟아지는 빗줄기를 하염없이 바라보던 때가 생각난다. 세월은 부질없이 흐르고, 만세루도 그 시간만큼 또 나이를 더 먹었다. 세상에 영원한 것은 없다는 평범한 진리를 다시 한 번 깨치고는 뒤돌아 합장하고서 봉정사를 내려온다. 저 멀리 산마루에 봉황을 닮은 구름이 살포시 내려앉았다.

아직은 한기가 느껴지던 겨울날이었지만 따사롭게 내리쬐는 오후의 햇살이 추위를 잊게 해주었다. 동장군이 아무리 매섭다 한들 스멀스멀 스며드는 봄기운을 이길 수 있을까.

첫 번째 여행지 안동·의성

높고 외로운 구름이 고운 절,
고운사

절을 내려오는 길에 극락전 옆 만덕당 마루에 잠시 앉아 땀을 식혔다. 극락전은 지금의 대웅보전이 지어지기 전까지 고운사의 큰 법당 역할을 했다. 퇴락했으되, 단아한 기품은 잃지 않았다. 한두 번 보아온 풍경도 아닌데 맞은편 등운산을 바라보는 느낌이 이날따라 새삼스러웠다. 풍만한 젖가슴 같은 등운산과 그 위를 쉼 없이 흘러가는 구름을 바라보니 '우리네 인생이 저 구름처럼 덧없는 것이로구나.' 하는 생각이 들어 잠시 서글픈 마음이 들었다. 남은 인생은 덧없는 구름이 아니라 변함없이 자리를 지키는 산으로 살았으면 좋으련만.

고운사는 경북 의성군 단촌면 등운산에 위치한 조계종 제16교구의 본사이다. 이 절이 위치한 자리가 천하의 명당자리라고 한다. '부용반개형상(芙蓉半開形相)'이라고 하는데, 연꽃이 반쯤 핀 모양이란 뜻이다. 풍수지리는 잘 모르지만, 고운사를 찾았을 때 무언가 아늑하고 마음이 평안해지는 느낌을 받았으니 헛된 말은 아닌 것 같다.

가운루 누각에 앉아 아래로는 흐르는 계곡의 물소리를 듣고, 위로는 녹음이 우거진 푸른 산과 파란 하늘을 배경 삼아 떠가는 구름을 바라보는 풍경은 옛 기록에 전하는 것처럼 말 그대로 '신선의 세계'라 부를 만하다.

화엄종의 창시자인 의상 대사가 신라 신문왕 원년인 681년에 창건해 처음에는 고운사(高雲寺)로 불렸다. 이후 신라 말기 유(儒,) 불(佛,) 선(仙)에 통달해 신선이 되었다는 최치원이 이 절에 들어와 가운루와 우화루를 창건하고 머물게 되었는데, 그의 호를 따 지금처럼 '고운사(孤雲寺)'로 불리게 되었다. 한자 이름으로는 높은 구름이 외로운 구름으로 바뀌게 된 것이지만, 내겐 그저 고운 절로만 느껴진다.

최치원은 신라 최고의 지성(知性)이라 일컬어지는 인물이다. 그의 나이 열두 살 때 당나라로 건너가 6년 만에 과거에 합격했고, 875년 황소의 난이 일어났을 때는 「토황소격문(討黃巢檄文)」을 지어 명성을 떨쳤다. 이후 신라로 돌아왔지만 6두품이라는 신분의 한계와 신라 말의 혼란은 그에게 깊은 좌절을 안겼다. 최치원의 혁신적인 개혁안들이 신라 사회에서 꽃을 피울 수 있었더라면 우리 역사도 많이 달라질 수 있을 것으로 생각하니 아쉬운 마음이 든다.

고려 태조 왕건의 스승이자 풍수지리사상의 시조 격인 도선 국사가 이 절을 크게 일으켰다고 하는데, 당시 5개의 법당과 10개의 요사채를 지닌 규모였다고 전해진다. 약사전의 부처님과 나한전 앞의 삼층석탑 역시 그때 만들어진 것이라고 한다. 한창 번성했을 때는 366칸의 건물에 200여 대중이 수행하는 대사찰이었지만, 지금은 많이 쇠락(衰落)하여 교구 본사로는 매우 작은 규모를 유지하고 있다.

일제 강점기에는 조선 불교 31총본산의 하나였고, 지금은 의성, 안동, 봉화, 영양 지역에 산재한 60여 곳의 크고 작은 사찰을 관장하고 있다. 교구 본사로서 전국에서 유일하게 입장료를 받지 않는 사찰로도 유명하다. 아주 작은 사찰들이야 그렇다 쳐도 웬만한 사찰들은 문화재 관람료라는 명목으로 돈을 받고 있는데, 이런 면에서도 고운사는 참 '고운 절'이 맞는 것 같다.

고운사로 들어가는 숲길 또한 아름답다. 잘 다듬어진 흙길은 참으로 곱다. 신발을 벗고 맨발로 매끄러운 흙의 감촉을 오롯이 느끼며 걸어보고 싶은 유혹을 매번 느낀다. 몇 번을 왕복해도 질리지 않을 만큼 다양하고 풍성한 풍경을 선사한다. 특히 단풍이 화사하게 내려앉은 가을날의 숲 풍경은 말 그대로 그림이다. 그래서 이 길은 언제고 다시 찾아오고 싶은 곳이요, 좋은 사람들에게 소개시켜 주고 싶은 곳이기도 하다.

어느새 일주문에 다다랐다. 고운사의 느낌은 예전과 다름없었다. 포근하고 정겨운 느낌 그대로다. 이번엔 용기를 내 법당 안에 들어가 불전함에 시주도 하고, 간절한 소망을 담은 기도도 잠깐 올렸다. 여러 절을 다니는 동안 많이 무뎌지고 익숙해진 덕분이리라.

고운사에는 대웅보전, 극락전, 약사전, 나한전, 명부전, 고금당, 우화루 등 코고 작은 전각들이 공간을 채우고 있다. 이 가운데 마음에 드는 건물을 꼽으라면 연수전과 가화루라 할 수 있다. 특히 연수전은 한참을 둘러보고도 내려가는 길에 다시 발길이 저절로 이끌릴 만큼 마음을 끄는 매력이 있는 건물이다. 삐걱거리는 만세문을 열고 연수전을 들여다보던 느낌이 지금도 생생하다.

연수전은 영조 20년(1774)에 왕실의 계보를 적은 어첩(御牒)을 봉안하기 위해 건립되었는데, 사찰의 일반적인 전각 모습과는 확연히 다른 형태이다. 사찰 내에 자리한 왕실 관련 건물이라는 점도 독특하다.

연수전은 조선 시대 영조 임금이 내린 어첩(御牒)을 봉안하던 건물이었는데, 지금의 건물은 고종 때 지은 것이라 한다. 임금의 장수를 기원하던 곳으로 우리나라 사찰에서는 흔히 볼 수 없는 건축 형태를 지닌 곳이다. 채색의 빛이 바랜 것을 보면 수백 년은 족히 넘어 보였는데, 고종 때 지은 건물이라고 하니 조금 의외다. 요즘 사찰들이 화려하게 채색하고 단장하는 모습과 비교된다. 구태여 손을 대기보다는 오래된 대로 놔두는 것도 좋지 않을까 싶다.

가운루는 독특한 형태로 지어졌다. 신라 시대 최치원이 건축했다고 전해지고 있는데, 우리나라의 아름다운 건축물 중 하나로 손꼽힌다. 원래 이름은 가허루(駕虛樓)였다. 이 건물이 어떻게 지어졌냐 하면 계곡 위에 돌기둥을 세우고, 이 돌기둥 위에 다시 나무 기둥을 세워 건물을 올렸다. 계곡 아래에서 누각을 보면 마치 큰 바다를 항해하는 배처럼 보일 법하다.

가운루 누각에 앉아 아래로는 흐르는 계곡의 물소리를 듣고, 위로는 녹음이 우거진 푸른 산과 파란 하늘을 배경 삼아 떠가는 구름을 바라보는 풍경은, 옛 기록에 전하는 것처럼 '신선의 세계'라 불러도 지나치지 않겠다. 아쉽게도 지금은 계곡이 메워지고 물길마저 흐트러져 옛 풍광을 제대로 누리기 어려워졌다.

가운루에서 빼놓지 말고 보아야 할 것이 있다. 서쪽 벽에 호랑이 그림이 그려져 있다. 당장에라도 덮쳐올 듯 그 위세가 사뭇 당당하다. 특히 눈빛이 사위(四圍)를 압도하듯 형형(熒熒)하다. 조선 중기에 그려졌다고 전해지는데, 어디서 그림을 보더라도 호랑이 눈동자가 보는 이를 향한다는 것이다. 원래 그림은 요사채 공양간으로 옮겼고, 지금 가운루에 있는 그림은 모작(模作)이다. 호랑이 눈동자를 한참 응시하면 좋은 기운을 받을 수 있다니 고운사가 주는 고마운 선물로 여겨도 좋겠다.

가운루를 비켜난 길을 따라 길을 걸으면 고운사의 본당인 대웅전이 나온다. 등운산 산자락 아래 터를 잡고 있는 대웅보전에서는 조계종 본사의 위엄이 느껴진다. 그 기세에 눌린 탓인지 대웅보전에는 여태껏 발을 들인 적이 없다. 크고 화려한 부처님보다는 고불전이나 약사전에 모셔진 오래된 석불이 내 소원에 좀 더 귀를 기울여주실 것 같은 생각이 들어서였을까.

위풍당당한 모습으로 서있는 대웅보전을 지나 작은 언덕을 오르면 나한전과 스님들이 수행하는 선원이 자리하고 있다. 원래 지금의 나한전 자리에 대웅전이 있었는데 대웅전을 새로 지으면서 옮겨졌다고

극락전 옆 만덕당 마루에 앉아 땀을 식히며 맞은편 등운산을 바라보는 즐거움은 고운사 여행의 빼놓을 수 없는 묘미가 아닐 수 없다. 매번 이곳에서 덧없이 흘러가는 구름을 바라보며 어찌할 수 없는 인간 본연의 외로움을 맛보게 되는 것 같다.

한다. 나한전 아래는 삼층 석탑이 자리를 지키고 있다. 이곳에 서서 고운사를 내려다보는 느낌을 참 좋아한다. 고운사에 올 때면 늘 여기에서 한참을 머무르곤 한다.

절을 내려오는 길에 극락전 옆 만덕당 마루에 잠시 앉아 땀을 식혔다. 극락전은 지금의 대웅보전이 지어지기 전까지 고운사의 큰 법당 역할을 했다. 퇴락했으되, 단아한 기품은 잃지 않았다. 한두 번 보아 온 풍경도 아닌데 맞은편 등운산을 바라보는 느낌이 이날따라 새삼스러웠다. 풍만한 젖가슴 같은 등운산과 그 위를 쉼 없이 흘러가는 구름을 바라보니 '우리네 인생이 저 구름처럼 덧없는 것이로구나.' 하는 생각이 들어 잠시 서글픈 마음이 들었다. 남은 인생은 덧없는 구름이 아니라 변함없이 자리를 지키는 산으로 살았으면 좋으련만.

극락전은 퇴락했으되, 단아한 기품은 잃지 않았다. 지금의 대웅보전이 지어지기 전까지 고운사의 큰 법당 역할을 했다.

욕심을 내려놓아야 할 절에 가서 우리는 무언가를 갈구한다. 그래서 절집을 사람들의 수많은 바람이 지었다고 했던가. 비운 뒤에라야 다시 채울 수 있는 것이 세상사의 당연한 법칙인데 어리석은 중생들은 손아귀에 쥐려고만 한다. 바라는 것도 많고 서운한 것도 많은 것이 우리네 인생이다. 만 원짜리 기와 공양이라도 하고 와야 마음이 편한 까닭도 크게 다르지 않으리라.

'묵지심융(默識心融)'이라 했다. 굳이 말하지 않아도 마음이 통하리라 여겨 본다. 내 마음이 전해지기는 했을까, 혹여 상대가 오해하지는 않을까 하는 고민도 이 절에서는 내려놓는다. 잠시 마주한 찰나의 고요함을 통해 마음의 큰 위안을 얻고 절을 되돌아 나온다. 한때는 오래된 절집이 주는 편안함과 세월의 무게, 풍요롭고도 상쾌한 숲길과 계곡의 시원한 물소리에 이끌렸었는데, 이제는 조금 더 깊은 마음의 평안을 얻으려 다시 이곳을 오게 될 것 같다.

요즘 이름난 명산대찰 입구에는 등산객이나 관광객을 맞이하려 식당이나 상가들이 조성되어 있어 산사에 왔다는 기분을 느끼기가 어려운 게 사실이다. 그런데 이 고운사는 상가는커녕, 주변의 민가로부터도 한참이나 떨어져 있어 천년 고찰에 어울리는 고즈넉함을 맘껏 누릴 수가 있다. 그래서 높고 고운 절이다. 외롭긴 하지만, 또 고마운 절이다.

나한전 아래는 삼층 석탑이 자리를 지키고 있다. 이곳에 서서 고운사를 내려다보는 느낌을 참 좋아한다. 고운사에 올 때면 늘 여기에서 한참을 머무르곤 한다.

두 번째 여행지 순천

깊은 산속의 깊은 절,
선암사

선암사의 가장 깊은 곳에는 무려 6백 년이 넘은 고매화가 있다. 우리나라에서 가장 오래된 매화나무로 '선암매(仙巖梅)'라는 별칭을 가지고 있기도 하다. 봄이면 이 매화를 보러 많은 사람이 선암사를 찾는다. 사람들은 꽃을 보고 싶은 마음에 쫓겨 아무 때나 떠나지만, 꽃은 아무 때나 제 모습을 보여주지 않는다.

언젠가 그런 날이 올 것이다. 시린 겨울을 이겨내고 고고하게 피어난 매화 향기가 선암사를 가득 채우는 날, 그 날에는 봄비가 내려줬으면 좋겠다. 봄비에 옷이 젖어가듯 내 마음도 매화 향기에 촉촉이 젖어들었으면 좋겠다.

▌'깊은 산 속의 깊은 절'이란 표현은 유홍준 교수의 『나의 문화유산답사기』에서 따온 것이다. 그는 선암사를 소개하는 글을 마무리하면서 우리나라 산사의 미학적 특질을 이렇게 표현했다. 사실 깊다는 표현은 산이나 절에 어울리지는 않다고 해야겠지만 우리가 일상적으로 사용하고 있기도 하고, 또한 이 말처럼 우리 땅이 지닌 풍광의 특징을 단적으로 잘 나타내는 어휘도 없다고 생각된다.

선암사는 전남 순천시 승주읍의 조계산 동쪽에 있는 사찰이다. 신라 진흥왕 3년에 아도 화상이 창건한 고찰로 전해지고 있다. 아름다운 풍광을 자랑하는 절이지만 사찰 운영을 놓고 조계종과 태고종 종단 사이에 해묵은 갈등을 빚어 볼썽사나운 모습이 세간에서 큰 화제가 되기도 했다. 불가에 들어서도 속세의 이해타산에서 쉬 자유로울 수는 없는 것인가 보다.

이 다리를 건너면 마침내 불국토로 들어선다. 보물 제400호 선암사 승선교는 조선 숙종 때 처음 만들어졌는데 금강산 장안사 입구의 비홍교와 더불어 가장 아름다운 무지개다리로 손꼽힌다. 가히 선암사의 제1경이라 부를 만하다.

선암사에 이르는 숲길은 참 아름답다. 말이나 글로 도저히 표현해낼 재간이 없다. 계곡을 끼고 돌아나가는 길을 걷고 있노라면 쉼 없이 흐르는 물소리와 상쾌한 숲속의 공기만으로도 복잡한 마음들이 절로 씻기는 것 같다. 아쉬운 것이 있다면 역시 깊은 산사에 어울리지 않게, 지나치게 길이 넓다는 것이다. 좋은 길은 좁을수록 좋고, 나쁜 길은 넓을수록 나쁘다고 했던가.

처음 이 숲길은 무척 좁았을 것이다. 향기로운 도반과 함께 걸을 수 있을 정도면 족했을 것이다. 그 이상의 욕심은 무의미했을 터이니 나머지는 자연의 몫이었겠지. 풀과 나무의 자리요, 산짐승과 날짐승이 자유로이 제 삶을 영위할 수 있는 공간으로 기꺼이 내어 주었으리라. 역설적이게도 숲길이 아름다울 수 있는 이유는 인간의 발길, 호흡이 머무르지 않았기 때문일 것이리라 짐작해본다.

아름다운 숲길의 끝자락에 그 유명한 승선교(昇仙橋)와 강선루(降仙樓)가 놓여 있다. 처음 선암사를 찾았던 이유 역시 바로 이 아름다운 돌다리를 눈으로 직접 보고 싶다는 간절한 마음 때문이었다. 먼 길을 찾아온 노고가 전혀 아깝지 않을 만큼 훌륭한 풍광을 선사한다. 승선교 아래로 내려가 계곡에서 강선루를 바라보는 느낌은 언제나 좋다. 승선교를 통해 본 강선루의 모습은 선암사를 대표하는 풍경이라고 할 수 있겠다. 가히 선암사의 제1경이요, 백미(白眉)라 부를 만하다.

"냇물이 잔잔히 흐를 때는 무지개다리가 물속의 그림자와 합쳐 둥근 원을 그린다. 그럴 때 계곡 아래로 내려가 보면 그 동그라미 속에 강선루가 들어앉은 듯 보인다."라는 유홍준 교수의 설명 그대로다. 보물 제400호로 지정된 승선교를 한참 바라보고 있노라면 '주변에 흔하게 널린 돌들을 가지고 어쩌면 이리도 단정한 다리를 만들었을까?'

하는 생각에 탄성이 절로 나온다.

원래는 진입로를 따라오다 아래쪽의 작은 돌다리를 건너 왼편으로 건너온 후 위쪽의 승선교를 지나 다시 계곡 오른편으로 건너오게, ㄷ 근자 형태의 동선으로 되어 있었다고 한다. 그러던 것이 오른편에 새로 넓은 진입로가 만들어지면서 지금은 이 승선교를 건너지 않고 바로 강선루를 지나는 사람들이 대부분이다. 나쁜 길은 넓을수록 나쁘다는 이유가 여기에 있다.

강선루가 지금의 자리에 놓인 연유를 들어보면 사뭇 흥미롭다. 조계산은 호남 제일의 풍수를 지녔다고 일컬어지는데, 그중에서도 선암사 자리가 중후(重厚)하고 안정된 곳으로 꼽힌다고 한다. 하지만 으뜸 명당 터에도 치명적인 결함이 있었는데, 강선루를 사이로 해 좌우의 청룡백호(青龍白虎)가 합을 이루지 못해 바람이 새어 나가고, 물살이 빠르게 흘러 나간다. 절터로 뻗어오는 양쪽 산줄기가 벌어져 좋은 기(氣)가 빠져 나가버린다는 것이다.

선암사 가는 숲길에 강선루가 그림처럼 놓여 있다. 강선루는 절터로 뻗어오는 양쪽 산줄기가 벌어져 좋은 기(氣)가 빠져나가버리는 약점을 보완하기 위해 세워졌다고 한다. 오래전 이 숲길은 무척 좁았을 것이다. 향기로운 도반과 함께 걸을 수 있을 정도면 족했을 것이다.

선암사 터가 지닌 이런 약점을 보완하기 위해 강선루가 세워졌다. 양쪽 산줄기가 벌어져 기(氣)가 빠지는 자리에 누각을 세워 막아준 것이다. 고려 시대에는 이런 식으로 풍수상의 흠을 고쳐 보완했는데 '비보풍수(裨補風水)'라 일컫는다. 지금껏 이곳을 지나며 산과 계곡, 무지개다리와 누각이 선사하는 아름다움에만 취했었는데, 땅과 산줄기의 형세(形勢), 물길의 흐름에도 눈길을 두어야 제대로 된 감상(感想)이라 할 수 있겠다.

아름다운 무지개다리 승선교 아래에서 바라보는 강선루가 선암사의 제1경이라는 데는 이견이 없지만, 그에 못지않은 멋진 풍경이 바로 조계문에 이르는 길이 아닐까 한다. 승선교와 강선루를 지나 선암사 조계문에 닿는 길은 구부러져 있다. 한 번에 절집을 드러내어 고스란히 보여주지 않고 굽은 길을 돌아 조금씩 내어준다.

일직선으로 길을 낸 보통의 절과 달리 원래의 높낮이와 경사를 거스르지 않고 자연에 순응한 형태를 보여준다. 걸음을 내디딜 때마다 절집 풍경은 가까워지고 이내 조바심이 난다. 그리운 이를 만나는 것처럼 설레는 순간이다. 가을인데도 아직은 온통 푸른빛을 지닌 울창한 숲을 걸어 조계문에 닿는 순간이 선암사에서 맛보게 되는 두 번째 행복이다.

또 하나, 선암사의 명소라면 해우소(解憂所)를 빼놓을 수 없다. 우리나라 사찰 해우소 가운데 가장 오래되었고 그 규모도 웬만한 법당보다 크다. 선암사에서는 지금도 해우소에서 만든 인분 퇴비로 스무 마지기의 논과 밭에서 농작물을 키워 먹고 있다고 하는데, 화학비료로 키운 것보다 훨씬 맛이 좋다고 한다. 종국에는 자연으로 돌아가고 윤회한다는 불가의 큰 가르침은 이렇듯 우리네 삶 가까이에 존재한다.

절집의 해우소는 대부분 산비탈에 세워져 있다. 숭유억불의 조선 시대를 거치며 절은 산속 깊이 은둔하게 된다. 사대부들의 핍박과 천민보다 못한 신분 탓에 자연스레 속세와 떨어지게 되었고, 산속 계곡의 비탈과 둔덕을 일궈 절을 지었다. 엄청난 공력이 들었을 것이다. 그나마 평평한 부분은 법당과 요사채를 지었고, 비탈에는 해우소가 놓여졌다.

비탈에 놓인 탓에 해우소는 앞에서 보면 1층, 뒤에서 보면 2층 누각 형태를 띠게 된다. 즉 해우소의 상단부는 절집의 끝과 연결되고, 하단부는 절집에 먹을거리를 제공하는 논과 밭으로 연결되어 재미난 건축학적 공간으로 구성되는 것이다. 끝이면서도 시작인 공간, 이처럼 사찰의 건축에는 철학적 사유(思惟)가 스며들어 있다.

눈물이 나면 기차를 타고 선암사로 가라
선암사 해우소에 가서 실컷 울어라
해우소에 쭈그리고 앉아 울고 있으면
죽은 소나무 뿌리가 기어 다니고
목어가 푸른 하늘을 날아 다닌다
풀잎들이 손수건을 꺼내 눈물을 닦아주고
새들이 가슴 속으로 날아와 종소리를 울린다
눈물이 나면 걸어서라도 선암사로 가라
선암사 해우소 앞
등 굽은 소나무에 기대어 통곡하라 - 정호승, 「선암사」

조바심 내며 바삐 걷던 길에서 잠시 내려와 계곡에 머물러 보자. 선암사 계곡에 가을이 한창이다. 한참을 머무르며 물소리, 새소리, 바람 소리에 세상사의 번뇌를 씻어보는 것도 좋겠다.

정호승 시인은 눈물이 나면 기차를 타고 선암사로 가 해우소에서 실컷 울라고 했는데, 시적 감성이 모자란 나는 해우소 앞에 쭈그리고 앉아서도 죽은 소나무 뿌리가 기어 다니고, 목어가 푸른 하늘을 날아다니고, 풀잎들이 손수건을 꺼내 눈물을 닦아주고, 새들이 가슴 속으로 날아와 종소리를 울려주는 그 느낌을 오롯이 경험해 보지는 못했다.

눈물 날 만큼 힘들지 않은 사람은 없을 것이다. 우리는 흔히 눈에 보이는 겉모습만을 비교하면서 절망한다. 왜 유독 나만 이토록 힘든 것일까 분노하기도 한다. 하지만 각자의 어깨 위에 얹어진 고통의 크기는 달라 보이더라도 그 무게는 실상 크게 다르지 않은 것이리라.

또한, 그러한 고통이 있어 그 사람의 인생이 더욱 아름다울 수 있다고 어느 시인은 얘기했다. 그래서 신은 인간들에게 기쁨보다는 슬픔을, 즐거운 순간보다는 고통을 안겨준 것이라 한다. 그것은 어둠이 있어 별이 더욱 빛날 수 있는 것처럼, 겨울이 있어 봄이 더욱 기다려지는 것과 같은 이치라고 이해해보련다.

선암사의 가장 깊은 곳에는 무려 6백 년이 넘은 고매화가 있다. 우리나라에서 가장 오래된 매화나무로 '선암매(仙巖梅)'라는 별칭을 가지고 있기도 하다. 봄이면 이 매화를 보러 많은 사람이 선암사를 찾는다. 사람들은 꽃을 보고 싶은 마음에 쫓겨 아무 때나 떠나지만, 꽃은 아무 때나 제 모습을 보여주지 않는다.

언젠가 그런 날이 올 것이다. 시린 겨울을 이겨내고 고고하게 피어난 매화 향기가 선암사를 가득 채우는 날, 그 날에는 봄비가 내려줬으면 좋겠다. 봄비에 옷이 젖어가듯 내 마음도 매화 향기에 촉촉이 젖어들었으면 좋겠다.

다시 계절이 흘러 이른 봄이면 선암사의 가장 깊은 자리, 600년 넘게 이 땅에 뿌리를 내린 고매화에서 뿜어져 나오는 은은한 향기에 이끌린 탐매객들로 가득할 것이다. 어디 꽃향기뿐일까. 정갈하게 우려낸 차향에 취해보는 것도 좋겠지.

두 번째 여행지 순천

달빛이 연못을 뚫어도 흔적 하나 없네, 송광사

세속에 발붙이고 하루하루를 살아가는 범인(凡人)들이 오롯이 스님의 길을 따라갈 수는 없을 것이다. 그것은 가능하지도 않고, 또 모든 사람이 탈속의 삶을 살 필요도 없다. 하지만 버려야만 걸림 없는 자유를 얻을 수 있고, 베푼 것만이 진정 내 것이 된다는 말씀처럼 내게 필요하지 않은 것들을 나눔으로써 얻을 수 있는 더 큰 행복을 찾아보는 것은 분명 의미 있는 일일 것이다. 우리의 마음속에 아름답고 맑은 향기를 가진 꽃을 한 송이씩 피워보는 것 말이다.

▌조계산 건너편엔 선암사 말고도 또 하나의 큰 절이 자리 잡고 있다. 조계산이 명산은 명산인가 보다. 순천 분들이 참 부럽다는 생각이 든다. 이렇게 멋진 두 개의 절을 지척에 두고 언제든 찾아갈 수 있으니까. 깊은 산 속의 깊은 절, 선암사를 뒤로하고 승보사찰 송광사를 찾았다. 송광사는 고려 시대 진각 국사부터 조선 시대 초기에 이르기까지 수많은 국사를 배출하였을 뿐만 아니라 이름난 스님들이 이곳에서 수행한 것으로 유명하다.

송광사의 창건과 관련된 기록에는 신라 말기 혜린 스님이 마땅한 절을 찾던 중 이곳에 이르러 산 이름을 '송광(松廣)'이라 하고, 절 이름을 '길상'이라 하였다 한다. 처음에는 아주 작은 규모의 사찰이었으나 보조 국사 지눌이 정혜사를 이곳으로 옮겨 '수선사'라 부르고 대찰로 중건하였다. 산 이름도 조계종의 중흥 도량이 되면서부터 '조계산'으로 고쳐 지금도 그 이름으로 불리고 있다.

흔히들 송광사를 승보사찰이라고 부른다. 보조 국사의 뒤를 이은 진각 국사부터 조선 초기에 이르기까지 180년 동안 무려 16명의 국사를 배출하면서 승보사찰의 지위를 굳히게 됐다. 부처님의 진신 사리를 모신 양산 통도사를 '불보사찰', 팔만대장경을 봉안하고 있는 가야산 해인사를 '법보사찰' 그리고 이곳 송광사를 '승보사찰'이라 해 우리나라의 삼보사찰(三寶寺刹)이라고 한다.

삼보사찰이란 명성에 걸맞게 큰 규모를 자랑하고 있지만, 일반인들의 출입이 통제되는 곳이 많다. 스님의 수행이 우선인 것은 당연하지만, 왠지 '닫힌 사찰'이라는 느낌을 지울 수가 없어 아쉽다. 빗장을 풀고 문을 열어 금단의 구역으로 들어가면 저절로 모든 번뇌가 사라질 것 같은 어리석은 생각이 들기까지 한다.

누각을 얹은 누다리(樓橋) 삼청교와 한 몸처럼 선 우화각이 멀리 보인다. 피안으로 건너가는 아름다운 진입 공간으로 마치 물로 둘러싸인 중세 유럽 성곽의 축소판처럼 매우 독특한 구조를 보이고 있다. 승보사찰 송광사가 자랑하는 풍경이다. 우화각은 사람들이 편히 다니라고 삼청교 위에 세웠다. 들어가는 쪽은 팔작지붕인데 나가는 쪽은 맞배지붕을 올렸다.

관음전에서 저마다의 간절한 소망을 담아 부처님께 절을 올리는 스님과 불자들의 뒷모습마저 경건하다. 저 멀리 희미하게 관음보살의 미소가 불빛처럼 새어나는 듯하다.

비록 가고 싶은 곳을 들어가 볼 수 없는 답답함은 있지만, 송광사는 삼청교와 우화각 그리고 그 아래를 쉼 없이 흐르는 계곡을 맘껏 즐길 수 있다는 것만으로도 좋다. 송광사 경내에 이르는 시원스러운 계곡과 아름다운 숲길도 더할 나위 없다. 산길이 좀 험하다고 하지만 송광사와 선암사를 잇는 등산로가 있다고 하니 여유가 된다면 천천히 두 고찰을 즐겨보는 것도 좋겠다.

불(佛), 법(法), 승(僧)의 삼보(三寶)야 불교 신자들에게야 의미가 있는 것이겠지만, 내가 송광사를 언제든 다시 찾고 싶은 사찰의 하나로 마음에 두는 이유는 따로 있다. 근처의 선암사가 승선교에서 바라보는 강선루의 풍경, 일주문에 이르는 푸른 숲길, 선암매 등 멋진 풍광과 볼거리를 자랑한다면 송광사도 이에 못지않은 아름다운 풍경을 보여준다.

바로 이곳, 삼청교와 우화각이 제일경이 아닐까 생각을 해본다. 삼청교는 숲길을 걸어와 대웅전으로 들어가는 통로다. 능허교로 불리기도 한다. 먼저 네모난 돌로 무지개 모양을 만든 다음 양옆에 다듬은 돌을 쌓아 올려 무게를 지탱하게 만들었다고 한다. 무지개다리 가운

우화각의 열린 벽면이 하나의 캔버스처럼 침계루 앞 계곡을 담아내고 있다. 이곳에 서면 마치 시간이 멈춘 듯 그 풍경 속으로 빨려 들어가는 착각에 빠지곤 한다.

데 여의주를 물고 있는 용머리 돌이 나와 있다. 허투루 보아 넘겼던 것들이 자세히 보면 하나둘 그 아름다움을 드러낸다.

우화각은 사람들이 편히 다니라고 삼청교 위에 세운 건물이다. 재미난 것은 하나의 누각에 서로 다른 지붕 모양을 하고 있다는 점이다. 들어가는 쪽은 팔작지붕인데 나가는 쪽은 맞배지붕을 올렸다. 나가는 쪽 지붕이 옆 건물과 맞닿아 있어 공간이 부족했기 때문이라 한다. 삼청교와 우화각은 불국토로 향하는 선승의 마음을 상징적으로 나타낸다.

하루하루 가을이 깊어가는 송광사는 한여름에 보여주었던 모습과는 또 다른 분위기를 품고 있다. 좀 더 깊어지고 한층 여유로워진 느낌이다. 삼청교 위 우화각 아래 한가롭게 정담을 나누는 사람들의 모습에서, 송광사 경내를 느린 걸음으로 소요(逍遙)하는 사람들에게서도 가을을 느낄 수 있다. 마치 시간과 상념의 흐름이 일순 멈춘 듯 몸과 마음이 자유롭다.

일주문 왼쪽으로 계곡을 건널 수 있게 징검다리를 만들어 놓았다. 돌다리를 건너다 고개를 들면 환상적인 풍경과 마주한다. 잔잔한 물 위에 삼청교와 우화각의 그림자가 달처럼 떠 있다. 붉게 타올랐던 이파리는 절정의 순간에서 물 위로 떨어져 구름이 된다. 수면의 화폭 위에 구름에 달 가듯 풍경이 그림으로 펼쳐진다.

송광사에 가을이 깊이 내려앉았다. 우화각에서 바라본 개울은 바람 한 점 없이 명경(明鏡)처럼 맑다.

전국의 여러 사찰을 돌아다녀 봤지만, 송광사처럼 독특한 느낌을 주는 곳을 찾기도 쉽지 않다. 거의 모든 절이 계곡을 끼고 있긴 하지만 이곳 송광사는 좀 더 특별하다. 마치 물로 둘러싸인 중세 유럽 성곽의 축소판처럼 느껴진다고 할까. 그래서인지 송광사를 가게 되면 언제나 우화각 근처에서 한참을 머물게 된다. 가을이라 침계루 앞을 흐르는 계곡의 물이 많이 줄었다. 미처 보지 못했던 침계루 벽체의 꽃무늬도 무척 인상적이다.

송광사에 이르는 숲길 또한 무척 아름답다. 청량각을 지나면 계곡을 따라 풍성한 숲길이 반겨준다. 물소리, 바람 소리, 새소리와 같은 자연의 소리가 속세의 소음을 완벽히 차단한다. 시원한 계곡은 숲의 푸른 빛을 담아 더욱 깊다. 하늘 향해 곧게 뻗은 편백나무숲이 청명함을 더해준다. 가벼운 발걸음으로 숲길만 걸어도 송광사를 절반쯤은 즐긴 셈이다.

빼어난 풍경에다 눈여겨볼 문화재도 많다. 송광사는 가장 많은 사찰 문화재를 보유한 사찰이기도 하다. 국보 제56호 국사전을 비롯해 국보가 세 점, 보물이 열두 점에 이르고 그 밖의 문화재도 차고 넘친다. 풍경은 풍경대로 아름답고, 절집은 절집대로 빼어나다. 그래서인지 매번 송광사를 찾을 때마다 시간에 쫓기게 된다.

즐겨야 할 풍경도, 자세히 살펴보아야 할 문화재도 많다. 오고 가는데 많은 시간이 걸리다 보니 여유롭게 구석구석을 둘러보는 게 쉽지가 않다. 다음에 송광사를 찾을 때에는 조계산을 두 발로 넘나들며 선암사와 송광사를 고스란히 담고 돌아오고 싶다. 무소유길을 걸어 불일암에도 잠깐 들러서 법정 스님의 흔적을 살짝 느껴보고 와도 좋겠다.

법정 스님은 무소유의 가르침을 주신 분으로 널리 알려져 있다. '무소유'란 아무것도 가지지 않는 것이 아니요, 내게 필요 없는 것을 애써 가지려 하지 않는 것이라고도 하셨다. 그런데 어찌 보면 아주 단순하고, 쉬운 것 같은 가르침을 실천하는 것이 또 왜 이리 어려운 것일까.

竹影掃階塵不動

대나무 그림자 섬돌을 쓸어도 티끌 하나 움직이지 않고

月穿潭底水無痕

달빛이 연못을 뚫어도 물에는 흔적 하나 없네.

법정 스님이 즐겨 읊조리시던 남송 시대의 선승 「야보도천(冶父道川)」의 시를 나지막이 읊어본다. 대나무 그림자처럼 무엇에 집착하지 말고 달빛처럼 연연하지 말고 살라는 가르침이다. 섬돌을 가지려 하지 않는 대나무 그림자나 연못에 자신의 흔적을 새기려 하지 않는 달빛을 따르고 싶은 마음 간절해지지만, 생각만큼 쉽지가 않은 탓에 괴로움이 늘 뒤따른다.

법정 스님은 입적하시면서 절판 유언을 남기셨다고 한다. 스님의 이름으로 펴낸 책들을 더 이상 출판하지 말라는 당부하셨지만, 어찌 된 것인지 그 이후로 속세에서 스님의 이름을 더 자주 접하게 되는 것 같다. 물론 스님에 대한 당연한 추모의 마음일 수도 있겠지만, 일관된 무소유의 삶 속에 담겨 있던 고귀한 가르침이 오히려 훼손되는 것은 아닌지 걱정이 되기도 한다.

세속에 발붙이고 하루하루를 살아가는 범인(凡人)들이 오롯이 스님의 길을 따라갈 수는 없을 것이다. 그것은 가능하지도 않고, 또 모든 사람이 탈속의 삶을 살 필요도 없다. 하지만 버려야만 걸림 없는 자유를 얻을 수 있고, 베푼 것만이 진정 내 것이 된다는 말씀처럼 내게 필요하지 않은 것들을 나눔으로써 얻을 수 있는 더 큰 행복을 찾아보는 것은 분명 의미 있는 일일 것이다. 우리의 마음속에 아름답고 맑은 향기를 가진 꽃을 한 송이씩 피워보는 것 말이다.

두 번째 여행지 순천

사랑하면 알게 되고, 알면 보이나니, 순천만

느리게 걸으며 자세히 살피면 눈에 들어오는 것들이 있다. 사랑하는 마음으로 보면 알게 되고, 지금까지 알지 못했던 진수(眞髓)를 꿰뚫게 된다. 수많은 생명이 그들의 영역에서 펼치는 삶의 향연을 감상하려면, 순천만의 진정한 아름다움과 가치를 제대로 보고 가려면 느려져야 한다. 발걸음도, 마음까지도.

생태의 보고(寶庫), 순천만을 다시 찾았다. 한여름 폭우처럼 세차게 쏟아지던 봄비도 그쳐 날씨는 그지없이 좋았다. 살랑살랑 불어오는 바람이 때 이른 더위에 송골송골 맺힌 땀을 식혀주어 순천만을 완상(玩賞)하기에도 안성맞춤이었다. 수백 km를 달려 배고픔을 견디며 전망대를 올랐던, 무모했던 첫 순천 여행의 기억이 새록새록 되살아나는 여정이었다. 눈 감으면 손에 잡힐 듯 생생하게 떠오르는 순간들이다.

2008년 5월의 어느 봄날이었던가. 황홀한 순천만의 낙조에 마음을 빼앗겨 무작정 달려갔었다. 하지만 순천만은 그리 호락호락하지 않았다. 출발할 때만 해도 멀쩡하던 날씨가 순천만에 도착하자마자 돌변했다. 금방이라도 폭우가 쏟아질 듯 하늘은 어두워지고, 바람은 몸을 가누기 어려울 정도로 불어댔다. 발길을 돌려야 하나 한참을 고민하다가 여태껏 달려온 길이 아까워 그냥 직진하기로 했다. 갈대군락지를 관통해 뻗은 탐방로의 끝자락에 용산 전망대가 손에 잡힐 듯 가깝게만 보였던 탓이다.

그러나 허기진 배를 부여잡고 전망대로 오르는 길은 고단함의 연속이었다. 몇 번이고 도중에 되돌아갈까를 고민했다. 젊어 고생은 사서도 하는 것이라며 스스로를 설득하면서 걷고 또 걷길 수십 여분. 마침내 전망대에 올라 바라본 순천만의 모습은 말 그대로 환상적이었다. 비록 아름다운 S라인을 뽐내는 낙조는 카메라에 담을 수 없었지만, 망망대해로 이어지는 광활한 순천만의 장쾌한 풍경을 눈으로 보는 것만으로 전망대에 오른 노고를 잊기에 충분했었다.

덧없이 흐른 시간만큼 다시 찾은 순천만은 많이 달라져 있었다. 예전보다 많이 채워지고 잘 정돈된 느낌이 든다고 할까. 굳이 거창하게

'꿈의 다리'는 물 위에 떠있는 미술관이다. 길이 175미터인 다리의 외벽은 강익중의 글 「내가 아는 것」 중에서 오방색의 한글 유리타일 작품 1만여 점으로, 내벽은 어린이들의 그림 14만여 점으로 꾸며졌다.

생태, 환경의 중요성을 들먹이지 않더라도 누구나 이곳을 찾아 넓은 갈대군락지를 휘휘 돌아 용산 전망대에서 순천만을 바라보는 것만으로도 많은 공부가 될 것 같다.

힘들었던 첫 순천만 여행의 기억 탓에 이번엔 전망대에 오르지 않기로 했다. 탐방로를 따라 드넓게 펼쳐진 갈대군락지를 하염없이 거니는 것만으로도 충분했다. 갈대군락지 옆 수로를 따라 이따금 새들이 뜨고 내리기를 반복했다. 유람선은 한없이 느리게 순천만의 물살을 몸에 받으며 떠다니고 있었다. 바쁜 게걸음으로 분주한 작은 생명체의 모습마저도 여유롭게 느껴지는 순천만의 풍경들이었다.

느리게 걸으며 자세히 살피면 눈에 들어오는 것들이 있다. 사랑하는 마음으로 보면 알게 되고, 지금까지 알지 못했던 진수(眞髓)를 꿰뚫게 된다. 수많은 생명이 그들의 영역에서 펼치는 삶의 향연을 감상하려면, 순천만의 진정한 아름다움과 가치를 제대로 보고 가려면 느려져야 한다. 발걸음도, 마음까지도.

그래서 순천만 여행은 한가로운 산책이 좋겠다. 바삐 움직이며 좀 더 많이 눈에 담아보려는 욕심도 거두자. 잠시 쉬어가도 좋다. 갈대밭을 한 바퀴 돌아 나와 입구의 순천만 자연 생태관에 이르는 길가에 있는 원두막이 눈에 띈다. 관람객의 휴식을 위한 편의 시설인 듯하다. 신발을 벗고 원두막에 올라 주변을 둘러보고 있자니 어렸을 적 시골 풍경이 새록새록 떠오른다.

저 멀리 뙤약볕 아래 너른 논에서 연신 허리를 굽히며 피를 뽑는 농부의 모습이 아련하다. 아낙네는 새참을 머리에 이고 들로 나가나 보다. 손에는 시원한 막걸리가 담긴 주전자가 들려있다. 시냇가엔 족대로 고기 잡는 아이들의 재잘거림으로 떠들썩하다. 갈증 난 녀석들은 모래로 걸러낸 강물에 목을 축이기도 한다. 너른 수박밭에 넝쿨마다 주렁주렁 달린 수박들은 빨갛게 속살이 익어가고 있을 테지.

2013년에 국제정원박람회가 열리면서 순천만은 볼거리가 보다 풍성해졌다. '세계 정원'에서는 우리나라를 비롯해 아시아, 유럽, 아메리카 12개 국가의 정원을 두루 즐길 수 있다.

깜빡 잠이 들었었나 보다. 청량한 햇살과 바람이 준 선물이다. 깨었으되, 마음은 여전히 꿈길을 헤맨다. 그리운 사람과 풍경을 꿈에서라도 보았으니 행복하다. 사람이 자연의 순리를 거스르지 않고 살았던 시절이었기에 가능한 모습이었을 것이다. 그로부터 얼마나 시간이 흘렀을까. 그 시간 속에서 또 얼마나 많은 것이 변모하였을까.

순천만이 지금처럼 부각된 것은 역설적이게도 전 세계적인 추세로 급속하게 진행되는 자연환경 훼손 탓이다. 지금은 우리나라에서 거의 자취를 감춘 해안 하구의 자연 생태계가 원형에 가깝게 보존된 지역이 순천만이다. 덕분에 2003년 12월에 해양수산부에서 습지 보존 지역으로 지정되었고, 2006년 1월 20일에는 연안 습지로는 국내 최초로 람사르 협약에 등록된 것이다.

순천만은 천연기념물인 흑두루미의 세계적인 월동지로 유명하다. 조류(潮流)가 활발하게 일어나는 우리나라 남서 해안 지역에는 자연스레 갯벌이 발달하게 된다. 또한, 갈대가 촘촘하게 군락을 이루어 새들의 서식 환경에서 가장 중요시되는 은신처와 먹이를 제공해준다. 그래서 해마다 수천여 마리의 흑두루미가 순천만에서 겨울을 나고 번식지인 시베리아로 돌아간다.

순천만이 지금과 같이 각광을 받게 된 데에는 정부와 지자체의 공도 있지만, 오랜 세월 이 땅을 삶의 터전으로 삼고 살아왔던 지역 주민들의 노력도 빼놓을 수 없다. 흑두루미가 다치지 않게 일대의 전신주들을 모두 뽑아냈고, 무농약 농법으로 수확한 쌀을 논에 뿌려 먹이로 주고 있다. 순천만 갈대밭 구석구석에 산재되어 있던 식당들은 자리를 내주고 입구에 새로 단장한 지 오래다.

지난 2013년엔 순천만에서 큰 행사가 열렸다. '지구의 정원, 순천만'이라는 주제로 6개월 동안 열린 순천만 국제정원박람회를 통해 순천만은 세계적인 생태관광 명소로 자리매김했다. 팽창하는 도심으로부터 순천만을 보호하기 위해 열렸던 친환경 박람회였는데, 덕분에 지금은 순천만을 보호하는 울타리 역할을 하고 있다.

박람회장이 그대로 정원으로 남아 순천 시민들에게는 휴식 공간으

가을이면 갈대꽃이 피어나 바다와 어우러진 순천만 습지는 장관을 이룬다. 순천만이 지금과 같이 각광을 받게 된 데에는 오랜 세월 이 땅을 삶의 터전으로 삼고 살아왔던 지역 주민들의 노력이 있었다.

로, 순천만을 찾은 여행자들에게는 의미 있는 생태 관광지가 되고 있는 것이다. 순천만 습지와 지척에 '순천만 국가정원'이라는 새로운 볼거리로 재탄생했다. 입구에서 국제습지센터가 관람객을 맞는다. 순천만 국가정원의 주제관이라고도 할 수 있는 국제습지센터에서는 순천만의 생태를 만날 수 있다.

'꿈의 다리'도 빼놓을 수 없는 명물이다. 동천을 가운데 두고 둘로 나뉘어 있는 공간을 연결하려고 설치한 꿈의 다리는 세계 최초로 물 위에 떠있는 미술관이라 할 수 있다. 길이가 175미터에 이르는, 아시아에서는 가장 긴 지붕이 있는 인도교로 설치 미술가 강익중이 만들었다. 순천만 국가정원을 처음 찾는 사람들이 가장 흥미롭게 살펴보는 곳 중 하나다.

다리의 외벽은 강익중의 글 「내가 아는 것」 중에서 오방색의 한글 유리타일 작품 1만여 점으로 구성했고, 내벽은 전 세계와 우리나라에서 모인 어린이 그림 14만여 점으로 꾸며졌다. 30여 개의 빈 컨테이

너들을 두 줄로 설치한 후, 실내에 여러 개의 작은 창들을 내고 우리나라 전통 한옥의 구조처럼 대청을 통해 마당과 안채가 하나의 공간으로 만나도록 설계했다고 한다.

꿈의 다리를 건너면 순천만 국가정원의 핵심인 정원 영역에 들어선다. 우리나라의 전통 정원을 비롯해 아시아와 유럽 등 세계 12개 나라의 정원이 자리 잡고 있다. 이 밖에도 힐링 정원, 실내 정원, 해외작가 정원, 길 위의 정원, 슬로우 정원 등 다양한 볼거리가 빼곡하다. 모든 것을 보려 바삐 움직이기보다는 한 곳이라도 제대로 살펴보는 게 좋겠다. 여유로운 발걸음으로 한 자리에 오래 머물며 꽃과 나무들이, 길 위로 불어가는 바람이 일러주는 이야기에 귀를 기울여보고, 풍경과 함께 한 사람들과도 두런두런 대화를 나눠보자.

작은 것을 내주고 큰 것을 얻고자 하는 혜안(慧眼)이 순천 시민들에게는 있었나 보다. 지역 주민들의 노력 덕분에 이곳을 찾는 사람들이 자연 그대로의 순천만을 만끽하고 돌아갈 수 있는 것이고, 좋은 인상을 받고 돌아간 관람객들은 주위의 친구나 지인들에게 순천만을 또 소개하지 않겠는가. 대한민국 생태 수도라는 말로 순천을 소개하는 것이 과한 자부심은 아닌 것 같다.

먼 거리를 달려왔지만, 돌아가는 발걸음은 가볍다. 좋은 추억 하나를 담고 돌아갈 수 있으니 행복하다. 느린 걸음으로 걸으며, 순천만의 참다운 가치를 찾아보려는 노력을 했으니 또한 충분하다. 지금까지는 순천만의 낙조를 제일 먼저 떠올렸겠지만, 앞으로는 아담한 원두막이 생각날 것 같다. 원두막에 올라 시원한 바람을 맞으며 순천만을 즐기던 순간이 한없이 그리워지겠지.

세 번째 여행지 담양

간절히 돌아가고 싶은 하루를 갖고 있는지, 소쇄원

영화 속 소쇄원은 너무나 아름다웠다. 사진이나 영화 속 배경을 실제 가보고 실망하는 경우가 많은데, 소쇄원은 그렇지 않았다. 영화에서 느껴지던 그 느낌이 고스란히 전해져오는 듯했다. 마치 민주가 저만치에서 대나무 홈통에 나뭇잎을 띄워 보내고 있는 듯 착각을 하게도 된다.

영화는 이미 사람들에게서 잊힌, 빛바랜 추억이 되었지만 내 마음속에서는 현우, 민주, 세진이 거닐었던 모든 곳이 생생히 살아있다. 그들의 걸음을 따라 소쇄원을 거닐고 있는 나를 발견하게 된다.

▌누군가에게 꼭 가보라고 자신 있게 추천해 줄 수 있는 곳이 몇이나 될까. 사람마다 보는 눈이 다르고, 느끼는 것이 다르다 보니 내 맘에 들었다고 꼭 그 사람도 좋아하리라는 법은 없다. 그래서 좋은 사람, 좋은 곳, 좋은 음식을 소개해 주는 것은 언제나 어려운 일이고, 그런 이유로 주저하게 되기도 한다.

그런 내게 소쇄원은 마음에 두고 늘 그리워하는 장소 가운데 한 곳이다. 영화 한 편 덕분에 소쇄원을 알게 되었고, 무언가에 이끌리듯 홀로 소쇄원을 찾았던 것이 벌써 오래전의 일이다. 처음 느꼈던 감흥보다는 조금 옅어졌지만, 그래도 여전히 소쇄원은 마음을 끄는 묘한 매력이 있다.

생각하면 절로 마음이 설레고 언제든 시간이 나면 달려가고 싶어지는, 흔치 않은 곳이다. 산책하듯 몇 걸음만 움직이면 푸른 대숲을 이는 바람 소리, 아담한 계곡을 흐르는 물소리를 들을 수 있을 것 같다. 마치 꿈을 꾸듯 광풍각(光風閣) 마루의 온기를 손으로 느껴보는 나와 마주치게 된다.

워낙 많이 알려진 탓에 찾는 발길도 부쩍 늘었다. 그래서인지 아쉽게도 금단의 영역 또한 생겨났다. 한적하게까지 느껴지는 소쇄원 구석구석을 찬찬히 둘러볼 수 있었던 예전에 비하면 인파에 쫓기듯 자리를 옮겨야 하는 불편함이 있다. 물론 이것도 다 욕심일 뿐이다. 좋은 것은 혼자만 가지고, 혼자만 호젓하게 즐기고 싶다는 못된 욕심 말이다.

사람마다 느끼는 것이 다른 법이니 함부로 개인적인 생각을 정답인 양 강요할 수는 없는 노릇이다. 우리나라 3대 정원이라는 거창한 수식이 붙는 이 소쇄원을 소개함에 있어서는 더욱더 신중할 필요가 있

광풍각 마루에 앉아 깊어가는 소쇄원의 가을을 완상(玩賞)하는 여행객들의 표정이 한결 여유로워 보인다. 양산보가 세운 광풍각은 1597년 정유재란 때 불탔고 양산보의 손자인 양천운에 의해 1614년에 복원되었다.

다. 크기와 규모를 중시하고, 풍성한 볼거리를 기대하는 사람들이 이곳을 찾는다면 필시 실망하고 말 것이기 때문이다.

소쇄원은 그저 소박하고 아담하다. 사람의 입맛에 맞추어 자연에 인위적인 힘을 가하지도 않았다. 그저 있는 그대로의 자연을 빌려 그 속에 또 다른 자연으로 건물을 배치해 두었을 뿐이다. 물이 흘러내리는 계곡을 사이에 두고 건물을 지어 자연과 인공이 조화를 이루고 있다. 그런 이유로 유홍준 교수가 극찬한 우리나라 원림(園林)의 아름다움을 제대로 맛볼 수 있는 곳이 바로 이곳 소쇄원이다.

우리나라 최고의 민간 정원으로 사랑받고 있는 소쇄원도 500년 넘게 나이를 먹었다. 성리학적 이상 세계를 꿈꾸었던 스승 조광조가 기묘사화 때 훈구파에게 몰려 화순으로 유배되자 새로운 세상에 대한 희망을 잃어버린 양산보 또한 낙향한다. 고향인 담양에 내려와 은둔의 공간으로 조성한 별서(別墅)의 원림이 바로 이곳 소쇄원이다.

대봉대 곁의 담은 한겨울에도 볕이 많이 든다고 해서 애양단(愛陽壇)이라 불린다. 부모를 공경하는 마음을 볕이 드는 양(陽)이라 하는데, 효심을 잊지 않기 위하여 담을 쌓고 효를 상징하는 동백나무를 심었다.

'소쇄'라는 말은 깨끗하고 시원하다는 의미인데, 양산보의 호가 소쇄옹(瀟灑翁)이다. 자연에 순응하며 도가적 삶을 살았던 조선 선비들이 교류했던 곳인데 경관의 아름다움이 탁월하여 문화유산의 보배로 평가받고 있다. 남에게 팔지 말며, 원래 그대로의 모습으로 보존할 것이며, 어리석은 후손에게 물려주지 말라는 양산보의 유언대로 지금껏 잘 보존되어 온 것이 참 다행이다.

크지 않은 공간이다. 전체 면적은 1,400여 평 남짓인데 남아있는 건물도 광풍각, 제월당, 대봉대 등 몇 채 되지 않고 나머지는 애양단, 오곡문 같은 오래된 담장뿐이다. 입구에 서면 한눈에 소쇄원 전체를 조망할 수 있을 정도다. 하지만 우리 조상들이 자연을 훼손하지 않고 오히려 자연 일부로 스며들어 더 큰 공간을 온전히 누리고자 했던 원림 조성의 깊은 뜻을 이해하게 된다면 이곳은 세상 그 어디보다 크고 깊은 공간으로 다가오게 될 것이다.

애양단과 오곡문을 따라 걸어본다. 담장 아래 붉은 동백꽃이 피었다. 이상하게도 동백꽃을 만나게 되면 항상 땅에 떨어져 있는 꽃송이에 눈길이 간다. 사람들의 발길에 으깨지고 바람과 비에 흐트러진 꽃은 오히려 더욱 붉게 타오르는 듯하다. 그 강렬한 느낌에 이끌려 동백나무 근처에서 한참을 서성이게 된다.

담 아래 터진 구멍으로 흘러내린 물이 암반 위에서 다섯 굽이를 이룬다고 해서 붙여진 이름이다. 오곡문은 담 밑의 계곡물 바로 옆쪽에 있었던 협문으로 내원과 외원을 이어준다.

오곡문 옆 화계(花階)의 기다란 담장을 따라가면 제월당에 이른다. 계단과 석축으로 쌓아 올린 소쇄원의 가장 높은 공간에 있다. 제월당은 소쇄원의 중심 영역이자 주인을 위한 사적 공간이다. 구들과 마당이 있어 안채 역할을 한다. 앞마당은 비어 있어 전망이 시원스럽고 여유롭다. 화계에는 여러 꽃나무가 계절 따라 피어나 풍류의 멋을 한층 돋웠으리라. 옛 선비들이 사랑한 매화도 여러 그루 심었을 테니 화계가 아니라 매대(梅臺)로 불러도 무방하겠다.

제월당 아래는 광풍각의 영역이다. 제월당이 안채라면 광풍각은 사랑채다. 손님이 찾아오면 작은 개울을 건너 광풍각 아래서 제월당의 주인을 불렀을 것이다. 광풍각 마루에 걸터앉아 그 오래전 선비의 마음으로 소쇄원의 풍경을 가만히 완상해 본다. 광풍제월(光風霽月)의 고매한 기품이 지금은 사라지고 없는 고암정사와 부훤당의 여백까지 채워주고 있었다.

제월당은 소쇄원의 중심 영역이자, 주인을 위한 사적 공간이다. 제월당이 안채라면 광풍각은 사랑채다. 손님이 찾아오면 작은 개울을 건너 광풍각 아래서 제월당의 주인을 불렀을 것이다.

비록 눈에 보이진 않지만, 고암정사와 부훤당의 빈터에 서서 상상의 나래를 펼쳐보는 건 어떨까? 고암정사(鼓岩精舍)는 양산보의 둘째 아들인 고암공 양자징이 건립한 서실로 추정하고 있다. 「소쇄원도」를 보면 내원의 담장 바깥쪽에 그려져 있다. 매번 소쇄원에 갈 때마다 제월당을 지나 담장 너머 대나무숲 사이쯤을 한동안 거닐어보는 이유가 여기에 있다. 「소쇄원 48영」에는 별다른 언급이 없는 것을 보아 소쇄원을 조성했던 초기에는 없었고, 이후 양자징이 벼슬길에 오른 이후에 만들어진 것으로 보인다.

부훤당은 고암정사 곁 한 단 낮은 자리에 있었다. 양산보의 셋째 아들 양자정의 서실로 쓰였는데, 부훤(負暄)이란 말은 햇볕을 쬔다는 뜻으로 어버이에 대한 애틋한 정감을 드러낸 애양단과 맥이 닿아 있다. 양자정은 둘째 형 자징과는 달리 벼슬길에 나가지는 않았지만 상당한 학식을 가진 인물로 지역의 교육기관 창건에도 큰 역할을 하였다고 하니 아버지의 유업을 잘 이어받았던 자식이 아니었을까 싶다.

소쇄(瀟灑)니 광풍(光風), 제월(霽月)이란 이름을 되뇔 때마다 참 멋진 이름이란 생각이 든다. 사람이든 사물이든 내가 그의 이름을 불러 주기 전에는 그저 의미 없는 존재일 뿐이다. 김춘수 시인의 「꽃」에서처럼 그것에 꼭 들어맞는 이름을 불러주는 순간 비로소 내게로 와 한 떨기 아름다운 꽃이 되고, 평생 잊지 못할 인연으로 남게 되는 법이다.

또 하나 소쇄원이 마음에 드는 이유가 있다. 오래된 세월을 느끼게 하는 담장의 기와 때문이다. 소쇄원을 찾을 때면 광풍각이나 제월당에 한참을 앉아 있는 시간만큼 언제나 이 기와를 바라보게 된다. 침묵의 언어로 그 오랜 세월을 되짚어 보기도 하고, 또 다가올 날에 대한 희망을 홀로 이야기하기도 하면서.

소쇄원에 들어서는 초입의 푸른 대숲도 참 좋다. 대숲에 이는 바람 소리는 언제 들어도 내 마음에 따스한 위안을 안겨 준다. 이따금 마음에 물결이 일 때면 이곳에서 사그락 거리는 소리를 들었으면 좋겠다. 주변 풍경이 온통 흰 눈에 소복하게 덮일 한겨울이면 대나무의 푸른빛이 그 속에서 더욱 돋보일 테지. 그 황홀한 풍경을 꼭 한번 봤으면 좋겠다.

그런 이유로 다음번 소쇄원 여행은 하얀 눈이 소담히 내리는 날이길 매번 다짐해 본다. 인연이 닿는다면 내 생애 그런 날이 올 수도 있을 것이다. 또 그러지 못한다 한들 어떤가. 이른 봄기운이 신록으로 벅차오르는 날에도, 한여름 우거진 녹음 속에서도, 울긋불긋 예쁜 단풍으로 물드는 날에도 광풍각에 앉아 온통 하얀 눈 세상 속 푸른 대나무숲을 마음속에 그리고 있을 테니까.

제10영 대숲에서 들려오는 바람 소리	千竿風響
하늘 가 저 멀리 이미 사라졌다가	已向空邊滅
다시 고요한 곳으로 불어오는 바람	還從靜處呼
바람과 대 본래 정이 없다지만	無情風與竹
밤낮으로 울려 대는 대피리 소리	日夕奏笙簧

제13영 넓은 바위에 누워 달을 보며	廣石臥月
나와 누우니 푸른 하늘에 밝은 달이라	露臥靑天月
넓은 바위는 바로 좋은 자리가 됐네	端將石作筵
주위의 숲에는 그림자 운치 있게 흩어져	長林散靑影
깊은 밤인데도 잠 이룰 수 없어라	深夜未能眠

제36영 복숭아 언덕에서 맞는 봄 새벽	斜簷四季
복숭아 언덕에 봄철이 찾아드니	定自花中聖
만발한 꽃들 새벽 안개에 드리워 있네	淸和備四時
바윗골 동리 안이라 어렴풋하여	茅塹斜更好
무릉계곡을 건너는 듯하구나	梅竹是相知

제44영 골짜기에 비치는 단풍	映壑丹楓
가을이 드니 바위 골짜기 서늘하고	秋來巖壑冷
단풍은 이미 서리에 놀래 물들었네	楓葉早驚霜
아름다운 채색 고요하게 흔들리니	寂歷搖霞彩
그 그림자 거울에 비친 경치로다	婆娑照鏡光

– 김인후, 「소쇄원 48영」

일곱 살이나 어렸지만, 나이를 뛰어넘어 양산보와 깊은 우정을 나누었던 하서 김인후는 석천 임억령, 송강 정철, 제봉 고경명 등 당대의 내로라하는 호남의 명사들과 더불어 소쇄원을 자주 거닐었다. 1548년 소쇄원이 마침내 틀을 갖추게 되자 그는 「소쇄원 48영」이라는 시로 소쇄원의 아름다움을 길이 남겼다. 마흔여덟 편의 시를 통해 성리학의 근본에 충실하면서도 노자와 장자의 사상에도 관대했던 자유분방한 선비의 모습을 떠올리게 된다.

소쇄원의 풍광에 심취한 하서 김인후가 시로 엮었던 것을 후대의 누군가가 「소쇄원도」라는 한 폭의 걸작으로 담아냈다. 덕분에 우리는 수백 년 전 소쇄 처사 양산보가 혼돈의 세속을 떠나 선계(仙界)에서 유유자적했던 삶을 각자의 느낌으로 충분히 그려볼 수 있다. 심우재 하성흡 화백의 그림과 곁들여 소쇄원을 거닐어보노라면 오랜 세월 속에서도 변함없는 깊은 속을 제대로 즐길 수 있으리라.

소쇄원에선 언제나 민주와 현우를 만나게 된다. 2006년 10월 개봉했던 『가을로』라는 영화 속 민주가 띄운 나뭇잎이 현우에게 다다르는 장면이 나오는 곳이 이곳 소쇄원이다. 소복하게 쌓여 있는 하얀 눈이 대나무의 푸른빛과 절묘한 대비를 이루던 모습도 여전히 잊히지 않는다.

영화 속 소쇄원은 너무나 아름다웠다. 사진이나 영화 속 배경을 실제 가보고 실망하는 경우가 많은데, 소쇄원은 그렇지 않았다. 영화에서 느껴지던 그 느낌이 고스란히 전해져 오는 듯했다. 마치 민주가 저만치에서 대나무 홈통에 나뭇잎을 띄워 보내고 있는 듯한 착각을 하게도 된다. 소쇄원에 가게 되면 『가을로』를 떠올리게 되고, 그 영화를 볼 때면 난 항상 소쇄원을 그리워하게 된다.

영화는 이미 사람들에게서 잊힌, 빛바랜 추억이 되었지만 내 마음속에서는 현우, 민주, 세진이가 거닐었던 모든 곳이 생생히 살아 있다. 그들의 걸음을 따라 오늘도 여전히 소쇄원을 거닐고 있는, 홀로 "소쇄소쇄" 바람 소리를 내고 있는 나를 발견하게 된다.

혼자 여행을 다니면서 가장 힘든 게 무엇일까? 지독한 외로움이란 대답은 식상하다. 그것보단 혼자서 해결해야 하는 끼니의 곤란함이 아닐까. 혼자 다니다 보면 그럴듯한 식사에 소홀해지기 마련이고, 혼자 맘 편히 먹을 수 있는 밥집을 찾기도 쉬운 일이 아니다. 하지만 나이를 먹어 가면서, 또 혼자 떠나는 여행에도 익숙해지다 보면 혼자 먹는 밥이 그렇게 어색하지는 않게 된다.

여행 작가 최갑수의 얘기를 빌려 보자면 혼자 먹는 밥이 그리 나쁘지만은 않다. 그는 이야기한다. 혼자 밥을 먹을 때 떠오르는 얼굴은 아마도 당신이 가장 좋아하는 사람, 가장 필요한 사람일 거라고. 사는 게 힘겹고 팍팍하게 느껴질 때, 혼자서 밥을 먹어보라고. 숟가락 가득 밥을 떠서 입안으로 넣어보라고. 밥을 먹고 있는 동안 떠오르는 그 얼굴과 따뜻한 밥 한 끼 나눠보라고.

정말 그렇더라. 겪어본 사람만이 공감할 수 있을 것이다. 지치지 않기 위해, 다음날 새로운 여행을 떠나기 위해 밥을 꾸역꾸역 입으로 밀어 넣고 있다 보면 문득 떠오르는 얼굴이 있더라. 그 얼굴은 내가 몹시도 그리워하고, 보고 싶어 하는 고마운 얼굴이더라.

"당신은 당신 생에서 간절히 돌아가고 싶은 하루를 가지고 있는지.

만약 가지고 있다면 당신은 지금까지 잘 살아온 것이다." - 최갑수, 『잘 지내나요 내 인생』

내 인생은 잘 지내고 있을까? 잘 지내고 있다고 자신 있게 얘기하진 못하겠다. 일상의 구질구질함, 그럼에도 불구하고 그 속에서 떠나지 못하고 맴돌아야만 하는 현실의 안타까움이 있기 때문이다. 그래도 말이다. 내 생에서 간절히 돌아가고 싶은 하루가 있다는 것만으로도 나는 지금까지 충분히 잘 살아왔다는 위로를 나에게 해줘야겠다.

푸른 대나무숲 아래 서면 서늘한 바람이 따스한 위안이 되어주기도 한다. 마음에 물결이 일 때면 이곳에서 사그락 거리는 바람 소리에 귀를 기울여 보아도 좋다.

세 번째 여행지 담양

선분홍 꽃구름 아래 떠나간 이를 그리워하노라, 명옥헌

정자의 이름은 서쪽 계곡에서 흐르는 개울물 소리가 마치 옥구슬이 부딪쳐 새 울음소리처럼 들린다 하여 '명옥(鳴玉)'이라 하였다. 깨끗하고 시원하다는 소쇄원 못지않게 '명옥헌'이라는 이름도 참 아름답지 않은가. 뜻도 좋고 부르기에도 좋은 이름을 갖는다는 것은 사람에게나 꽃에게나 혹은 이런 건물에도 무척 의미 있는 일이 아닌가 하는 생각이 든다. 세속의 소리가 사라지면 혹여 옥구슬 소리가 들릴까 하여 썰물처럼 인파가 빠져나간 정자에 앉아 귀 기울여보곤 한다.

담양은 마르지 않는 샘물 같은 매력을 지닌 고을이다. 어렸을 적에는 대나무가 많이 나는 고장이라 배웠고, 나이를 먹어서는 메타세콰이어 가로수길, 관방제림, 죽녹원 등 훌륭한 볼거리가 많다는 것을 알게 됐다. 한 편의 영화를 통해 소쇄원이라는 아름다운 곳을 알고부터는 담양을 '누원(樓園)의 고장'이라 부르고 싶어졌다. 무등산 자락에 맞닿아 있는 이 고을에는 참으로 많은 누각과 원림들이 자리 잡고 있다.

유홍준 교수는 『나의 문화유산답사기』에서 담양의 누각과 원림을 소개하며 "자연과 인공의 행복한 조화"라고 표현한 바 있다. 시가(詩歌) 문학의 중심지답게 수많은 누각과 정자와 원림이 담양 곳곳에 자리 잡고 있다. 송강 정철의 흔적을 되살펴 볼 수 있는 송강정, 면앙정을 비롯해 소쇄원, 환벽당, 취가정, 식영정까지 헤아리기도 힘들 정도다. 그런 까닭에 옛 건축에 관심이 많은 사람이거나 시문을 공부하는 국문학도들에겐 빼놓지 말아야 할 제일의 답사 코스로 꼽히기도 한다.

하지만 명옥헌은 상대적으로 그리 큰 관심을 받지 못했다. 정자에는 명옥헌(鳴玉軒), 삼고(三顧)라고 적힌 현판만 조촐하게 걸려 있을 뿐이다. 이름난 시인 묵객들의 분에 넘치는 칭송도 없다. 담양의 정자들이 하나같이 아름다운 풍광으로 우열을 다툴 때에도 명옥헌은 그저 묵묵히 제 자리를 지켰다. 지금처럼 인터넷이 발달하고 카메라가 대중화되지 않았더라면 여전히 신비롭고 고요한 자태를 숨기고 있었을 것이다. 명옥헌이 세상 사람들의 사랑을 받게 된 것이 다행스럽기도 하지만, 한편으론 아쉽기도 하다. 삼고(三顧) 현판에 대해서도 흥미로운 옛이야기가 전해진다. 어리석은 어버이 선조를 대신해 분조(分朝)

소쇄원, 식영정 등 담양의 정자들이 아름다운 풍광으로 우열을 다툴 때에도 명옥헌은 넉넉한 품으로 묵묵히 제 자리를 지키고 있었다.

를 이끌며 임진왜란을 힘겹게 수습했던 세자 광해군은 왕위에 올라서도 살얼음판 같은 국제 정세 속에서 위태로운 줄타기를 해야만 했다. 현명한 실리 외교를 폈다는 후세의 평가에 반해 내치(內治)는 집권 후반기에 갈수록 어지러웠다. 인륜을 저버린 폭정으로 광해군이 민심을 잃어가자 조카 능양군과 그를 지지하는 신하들의 세력은 더욱 커져갔다. 능양군이 왕자 시절, 담양을 찾았다가 학문과 인품이 뛰어난 오희도의 명성을 듣고 도움을 청했다. 자기 사람으로 만들기 위해 후산마을을 세 번이나 찾았지만, 노모를 봉양해야 했던 효자 선비의 굳은 결심을 꺾을 수는 없었다고 한다. 명옥헌에 외로이 걸려 있는 삼고(三顧) 편액을 바라보고 있노라니 유비와 제갈량의 삼고초려(三顧草廬) 고사가 절로 떠오른다.

배롱나무꽃은 피어있을 때 화려함을 뽐내지만, 연못에 떨어져서도 애잔한 감성을 일깨운다. 선분홍빛 꽃잎들이 수면 위에서 다시 피어나는 듯 지나는 이들의 발길을 잡는다.

봄꽃의 화려한 향연이 끝나고 녹음이 우거지는 우리네 여름 풍경은 지루하기만 하다. 한여름, 작열하는 태양 아래 무더위에 지친 사람들을 위로하는 것이 있으니 활짝 핀 배롱나무꽃의 선분홍빛 꽃구름이다. 배롱나무꽃이 필 무렵이면 생각나는 곳이 바로 명옥헌 원림이다. 이때를 기다려 전국에서 수많은 사진작가가 이곳을 찾는다. 여름 휴가철과 맞물려 이맘때 명옥헌은 유명 관광지 부럽지 않다.

명옥헌은 후산마을 한가운데를 가로질러 난 골목길의 끄트머리에 있다. 서른 가구 남짓의 호젓한 마을이다. 오래된 기와집 사이로 몇 해 사이에 새로 지은 전원주택들이 드문드문 성글다. 마을 초입에 우뚝 서있는 느티나무를 지나면 담벼락을 따라 소박한 벽화들이 반겨준다. 조금 더 걸어가 나지막한 언덕을 지나면 명옥헌 원림이 그 모습을 드러낸다. 대문도 없고 담장도 없이 온통 붉게 타오르는 배롱나무 꽃에 감춰졌던 비경이 마침내 눈앞에 펼쳐지는 것이다.

이 아름다운 원림을 꾸민 이는 조선 후기의 학자 오명중(1619~1655, 호는 以井)이다. 그의 아버지 오희도(1584~1624, 호는 明谷)는 폐모살제(廢母殺弟)라는 광해군의 광기를 피해 외가가 있는 이곳에 '망재(忘齋)'라는 작은 서재를 짓고 어지러운 세상을 등진 채 글로 소일하며 지냈다. 이 망재가 훗날 명옥헌의 원형이라고 볼 수 있다. 인조반정 후에는 문과에 급제해 벼슬길에 올랐지만, 1년 만에 천연두에 걸려 세상을 등지고 말았다. 붉게 타오르는 듯 아름답게만 보이는 풍경 뒤에 이토록 애달픈 역사의 그림자가 드리워져 있었던 것이다.

마흔하나의 젊은 나이에 요절한 아버지를 기리기 위해 오명중은 아버지가 생전에 살던 곳에 정자를 짓고 '명옥헌'이라 불렀다. 정자는 정면 3칸, 측면 2칸의 규모인데, 가운데에 방을 두고 사방은 마루로 된 구조를 이루고 있다. 마루가 다른 정자보다 높은 편이라서 난간을 사방으로 둘렀다. 정자 아래에는 네모난 연못을 파고 주변의 개울에서 물을 끌어들였다. 아름다운 꽃나무도 심었을 것이다. 지금은 배롱나무와 소나무 수십여 그루가 믿음직하게 자라나 주변을 담장처럼 둘러싸고 있다.

우리나라의 이름난 옛 정원을 보면 연못이 네모난 경우가 많다. 조선 시대 정궁이었던 경복궁의 경회루가 놓인 연못이 그렇다. 우리나라 3대 정원 가운데 한 곳으로 손꼽히는 영양 서석지 역시 연못이 방형으로 생겼다. 우리네 선조들은 '천원지방(天圓地方)'이라 하여 하늘은 둥글고 세상은 모나다고 여겨 연못을 네모나게 만들었다. 동서양을 가리지 않고 옛사람들의 생각은 얼추 비슷했던 모양이다. 조선 시대 조성된 정원들은 네모난 연못 한가운데 둥근 섬 하나를 만들어 꽃나무를 심었다.

정자의 이름은 서쪽 계곡에서 흐르는 개울물 소리가 마치 옥구슬이 부딪쳐 새 울음소리처럼 들린다 하여 '명옥(鳴玉)'이라 하였다. 깨끗하고 시원하다는 소쇄원 못지않게 '명옥헌'이라는 이름도 참 아름답지 않은가. 뜻도 좋고 부르기에도 좋은 이름을 갖는다는 것은 사람에게나 꽃에게나 혹은 이런 건물에도 무척 의미 있는 일이 아닌가 하는 생각이 든다. 세속의 소리가 사라지면 혹여 옥구슬 소리가 들릴까 하여 썰물처럼 인파가 빠져나간 정자에 앉아 귀 기울여보곤 한다.

예전엔 '정원'이란 용어를 흔하게 사용했다. '정원(庭園)'은 인간의 구미에 맞게 인위적으로 조성한 공간을 뜻하지만, '원림(園林)'은 자연 형태를 유지하면서 인공적인 요소를 조금 가미한 곳을 의미한다. 인공적으로 연못을 파내고, 아기자기한 동산을 만드는 일본식 정원과 원림(園林)과는 큰 차이가 있다. 작은 개울의 물길을 조금 틀어 안으로 끌어들였다가 다시 개울로 돌려보내는 명옥헌의 연못을 통해 자연을 대하는 우리 조상들의 마음가짐을 엿볼 수 있다.

명옥헌은 소쇄원과 달리 원림(苑林)이라 표기하는데, 담장이 있고 없고의 차이라고 한다. 소쇄원처럼 주위에 담장을 둘러 개인의 사적 공간으로 삼으면 원림(園林)이 되고, 숲을 담장으로 삼은 명옥헌은 원림(苑林)이 되는 것이다. 담장이 없었기에 이곳은 지체 높은 양반 사대부로부터 밭일하던 아낙네까지 품어 안을 수 있었을 것이다.

그런 넉넉함은 지금도 여전하다. 그래서 고마운 곳이다. 덕분에 우리는 명옥헌 정자에 앉아 땀을 식힐 수도 있고, 한여름 꽃의 향연을 마음껏 즐길 수도 있는 것이다. 불과 여섯 살 어린 나이에 아버지를 여읜 오명중이다. 그가 아버지를 그리워하며 정자를 짓고 연못을 팔 때에는 지금과 같은 모습을 예상하진 못했겠지만, 그의 지극한 효심만은 천 년이 지나도 그 향기를 잃지 않을 것이 분명하다.

배롱나무꽃은 피어있을 때도 아름답지만 바람에 흩날려 연못에 떨어진 꽃잎도 애잔한 감성을 일깨운다. 선분홍빛 꽃잎들이 수면 위에서 다시 피어나 무심히 지나는 이들의 발길을 잡는다. 뭔지 모를 아쉬움에 그리운 이의 얼굴을 꽃잎으로 그리며 한참을 머문다. 배롱나무꽃의 꽃말은 '떠나간 벗을 그리워함'이다.

뭉게구름 떠가는 파란 하늘과 붉은 배롱나무꽃이 대비를 이루며 명옥헌의 고즈넉한 여름을 환하게 밝혀준다.

네 번째 여행지 서산·아산

마음 씻고 마음 여는 절,
개심사

심검당 앞을 한참 서있다 내려왔다. 지혜의 칼을 찾는다는 뜻의 심검(尋劍)은 자비로운 절집 이름으로는 어울리지 않아 보이지만, 자신을 향해 더욱 엄정한 칼날을 겨누어야 하는 수도자의 마음가짐으로 이해해보려 한다. 비단 스님들에게만 해당되는 말만은 아닐 것이다. 과연 나는 얼마나 날카로운 칼날로 세상살이에 무뎌져 가는 마음을 겨누고 있을까.

개심사(開心寺). 마음을 여는 절이라고 하면 될까. 참 멋진 이름을 가진 절이다. 직접 가보면 이름만 좋은 게 아니라 그 이름에 어울리는 아름다움과 멋스러움을 지닌 절이란 걸 알게 된다. 모처럼 산사(山寺)라는 이미지에 걸맞은 아담하고 조용한 절을 만나게 되어 무척 반가웠다.

사십 여년을 살아왔던 경상도 땅의 산과 들에서 느껴지는 감흥과 전라도나 충청도의 그것은 분명 다르다. 확연히 다른 느낌을 누구라도 초행길에서 생생히 맛볼 수 있다. 경상도 내륙 지형에서 기개가 느껴지는 대신, 뭔가 고집스럽고 우악스러운 느낌도 있지만, 충청도 서산 땅에서는 어린 시절 어머니 품에 안겨 있는 것 같은 편안함과 따뜻함이 느껴져 좋다.

서화가 혜강 김규진 선생이 쓴 현판의 글씨가 무척이나 시원스럽고 기품이 느껴진다. 살짝 열려 있는 안양루 문을 통해 바라보는 대웅전 풍경은 언제나 푸근한 감동을 안겨준다.

자주 가지는 못하지만 갈 때마다 그 따뜻한 느낌에 마음을 온통 빼앗기곤 한다. 좀 더 머무르고 싶은 생각이 간절하지만, 늘 각박한 생활이 간절한 소망을 허락하지 않는다. 그래서 돌아오는 길이 그리움으로 남는 것이 아닐까 싶다. 그 애틋한 그리움을 제대로 풀어 보려면 나이 들어서는 자연을 벗하며 사는 것이 최고의 선택일 것이다.

어느덧 머리는 희끗희끗해지고 아랫배가 나온 중년의 아저씨가 되었다. 아름다운 풍경을 찾아다닐 때마다 왜 좀 더 젊은 시절에 떠나지 못했을까 하는 아쉬움이 절로 일어난다. 하지만 소용없는 만시지탄일 뿐. 두려움을 떨치고 무작정 떠나지 못했던 과거를 후회하기보다는 더 늦지 않게 볼 수 있게 되었음을 오히려 고마워하는 것이 현명한 태도일 것이다.

유홍준 교수는 『나의 문화유산답사기』를 통해 청도 운문사, 영주 부석사와 더불어 서산 개심사를 가장 아름다운 절집으로 꼽았다. 내 생각도 크게 다르지 않다. 큰 기대 없이 개심사를 찾았던 몇 해 전 어느 봄날의 감동을 잊지 못할 것 같다. 비록 규모가 크진 않지만 자연 그대로의, 절다운 절이 바로 개심사가 아닐까.

충남 서산시 운산면 상왕산 자락에 자리 잡고 있는 개심사는 예산에 있는 수덕사의 말사인데, 기록에 의하면 백제 의자왕 11년에 지어진 것으로 전해진다. 영주 부석사나 안동 봉정사처럼 누각 아래를 통과해 들어가는 것이 아니라 누각을 끼고 돌아서 절의 영역에 들어서는 백제계 사찰의 특징을 볼 수 있다. 비록 절의 규모는 작지만, 충남 4대 사찰이란 명성에 걸맞게 평일이었는데도 주차장은 차량과 사람들로 북적였다.

입구의 상가를 지나 조금만 걸어가면 '상왕산 개심사'라는 현판이 붙어 있는 일주문을 만나게 된다. 그보다 앞서 세심동(洗心洞)이라 새

기록에 따르면 다포양식의 대웅전은 조선 성종 때인 1484년에 고쳐 지었다고 한다. 현재도 그 당시의 형태를 온전히 유지하고 있는 것으로 여겨지고 있는데, 조선 전기의 대표적인 주심포 양식인 강진 무위사 극락전과 대비되는 중요한 건축물로 평가받고 있다.

겨져 있는 돌에 눈길이 먼저 간다. 마음을 씻는다는 것이 어떤 것일까 한참을 생각해 보게 된다. 마음을 씻는 마을에 자리 잡은 마음을 여는 절이라니. 차원 높은 철학적인 성찰이 필요한 곳임은 분명해 보인다.

보통의 절처럼 평탄한 길을 조금만 걸어가다 보면 익숙한 당우들이 나오겠거니 생각했는데 그게 아니다. 가지런히 다듬어진 계단을 한참이나 올라가 한숨 돌리고 나서야 절은 마침내 그 모습을 드러낸다. 상왕산의 너른 품 안에 자리 잡은 산사라는 것을 실감하게 된다. 걸음을 뗄 때마다 닫혀있던 마음속 묵은 먼지를 털어내 본다.

절에 들어서자마자 직사각형 형태의 작은 연못을 만나게 된다. 네모난 정방형의 연못은 백제계 연못의 정형인데, 개심사가 들어선 자리인 상왕산이 코끼리 형상이라서 부처님을 상징하는 코끼리의 갈증을 풀어주기 위해 만들어 둔 것이란 이야기가 전한다. 이 연못의 이름은 경지(鏡池)로, 연못에 자신의 마음을 비쳐 보고 더럽혀진 마음을 닦으라는 의미다.

물 위에는 바람에 흩날리던 무수한 꽃잎들이 켜켜이 쌓여 있다. 사람들이 마음을 비치고 마음을 닦은 흔적이 꽃잎으로 남은 것은 아닐까. 가로로 걸친 좁은 외나무다리를 건너면 바로 개심사의 영역으로 들어선다. 범종각과 안양루, 해탈문 등을 차례로 만나게 된다. 살짝 열려 있는 안양루 문을 통해 대웅전을 바라보는 느낌이 나름 괜찮았다.

개심사의 왕벚나무들은 가장 늦은 시기에 꽃을 피운다고 한다. 경내 구석구석에 화려하게 피어난 왕벚꽃은 절집 풍경을 더욱 다채롭게 해준다. 너무 빨리 져버린 봄꽃이 아쉽다면 개심사에서 조금 늦은 꽃놀이를 즐겨보는 것도 좋을 것 같다.

나무 덩굴이 자연스레 자라는 해탈문(解脫門)이 인상적이다. 곧은 나무가 아니라 휘어지면 휘어진 대로, 생긴 그대로 사용한 자연스러움이 좋다. 군데군데 칠도 벗겨져 낡고 늙은 세월의 흔적이 고스란히 느껴진다. 해탈문 옆에 왕벚나무의 벚꽃들이 만개했다. 이 개심사의 왕벚나무들은 전국에서 가장 늦은 시기에 개화한다고 한다. 5월이면 보통 봄꽃이 다 지고 없을 시기인데 기대치 않았던 곳에서 막바지 꽃놀이를 만끽할 수 있어 눈이 아주 호강을 한 셈이다.

가지런히 다듬어진 계단을 한참이나 올라가 한숨 돌리고 나서야 절은 마침내 그 모습을 드러낸다. 상왕산의 너른 품 안에 자리 잡은 산사라는 것을 실감하게 된다. 걸음을 뗄 때마다 닫혀있던 마음속 묵은 먼지를 털어내 본다.

경내에 들어서면 대웅전이 단아한 모습으로 중심을 지키고 있다. 여느 사찰보다는 조금 소박한 규모이긴 하지만 위엄이 느껴진다. 경내에도 형형색색의 꽃들이 피어 절집의 풍경을 더욱 다채롭게 해주고 있다. 심검당과 명부전 앞쪽에 가면 가장 화려한 꽃 잔치를 즐길 수 있다. 흔히 보아오던 벚꽃과는 느낌이 확연히 다르다. 화려함은 덜 할지 몰라도 은은하면서도 기품이 느껴지는 듯하다.

고요하고 엄숙해야 할 수도의 공간이 이토록 화려함을 어떻게 해석해야 할까? 꽃놀이하러 절에 가는 사람들을 구도자들은 어떻게 바라볼까? 궁금한 것들이 한둘이 아니다. 하긴, 이곳은 마음을 여는 절이니 편견과 아집에 사로잡혀 꽁꽁 닫힌 마음을 열어보는 노력을 해보는 것도 의미 있는 일이겠다.

이 절의 요사채로 쓰이는 심검당은 개심사를 찾는 이들이 가장 아끼는 곳이기도 하다. 해탈문을 지나자마자 대웅전의 왼쪽 공간에 자리 잡고 있는데, 휘어지고 뒤틀린 나무를 인위적으로 가공하지 아니하고 건물의 기둥과 부재로 사용함으로써 조선 건축의 특성인 자연미를 한껏 드러내고 있다. 물론, 혹자는 이를 '대충주의 미학'이라고 폄훼하기도 한다지만, 못나고 모자란 사람도 함부로 대하지 않고 이처럼 중히 쓰일 수 있다는 무언의 가르침으로 무겁게 다가온다.

심검당 앞을 한참 서있다 내려왔다. 지혜의 칼을 찾는다는 뜻의 심검(尋劍)은 자비로운 절집 이름으로는 어울리지 않아 보이지만, 자신을 향해 더욱 엄정한 칼날을 겨누어야 하는 수도자의 마음가짐으로 이해해보려 한다. 비단 스님들에게만 해당되는 말만은 아닐 것이다. 과연 나는 얼마나 날카로운 칼날로 세상살이에 무뎌져 가는 마음을 겨누고 있을까.

네 번째 여행지 서산·아산

죽음마저 무너뜨리지 못한 믿음, 공세리성당

잘 가꾸어진 공원 같다. 가까이 있다면 언제고 찾아와 오래된 나무를 바라보기도 하고, 길게 늘어지는 햇살 아래 몇 번을 거닐어도 좋을 만하다. 성당에 들어가 경건한 마음으로 누군가를 위한 기도를 드려도 좋겠다. 느린 걸음으로 걷는 사람들의 모습이 한없이 여유롭고 정겹다. 4백 년도 훨씬 넘게 살아온 느티나무에 따스한 햇볕이 부서진다. 그들의 내일도 밝고 따뜻한 빛이길 두 손 모아 빌어본다. 평안과 행복이 가득하길.

▌멀리 성당 가는 길에 책 한 권을 꺼내 들었다. 『살아 있는 것은 다 행복하라』 제목이 참 마음에 든다. 행복하라. 이것은 말 그대로 명령이다. 따라야만 하는, 따르고 싶은 절대자의 명령이다. 지난 2010년 입적하신 법정 스님의 잠언을 류시화 시인이 엮은 이 책에는 가난한 우리의 영혼을 맑게 정화시켜주고, 풍요롭게 만드는 가르침이 담겨있다.

'잠언'이란 경계(警戒)가 되는 짧은 말이나 가르쳐서 훈계하는 말을 뜻한다. 이 책 속에는 법정 스님이 30년 넘는 긴 세월 동안 써 온 글과 법문(法門)에서 가려 뽑은 주옥같은 문장들이 가득하다. 글을 읽을 때마다 절로 고개를 끄덕이게 된다. 나를 돌아보며 반성하게 만들기도 한다.

물욕(物慾)이 과하지는 않지만, 제대로 비우고 살고 있다 말하지도 못하겠다. 세속에 머무는 동안은 불가피한 것들이라며 에둘러 변명도 한다. 모든 것이 마음의 욕심 탓이다. 욕심에서 벗어나려면 비교를 하지 말라고 한다. 모두 각자 태어난 그릇대로의 삶을 올곧게 살면 되는 것인데, 또 그것이 말처럼 쉬운 것만은 아닌 것 같다.

주변을 둘러보게 되면 늘 비교하게 되고 내가 가지지 못한 것에 대한 아쉬움과 안타까움이 생기기 마련이다. 그런 탁(濁)한 마음을 때때로 닦아주지 못하면 억울함이 지나쳐 분노로까지 치닫게 되는 경험을 하곤 한다. 법정 스님은 "무소유란 아무것도 가지지 않는 것이 아니요, 불필요한 것을 소유하지 않는 것이다."라고 가르치셨는데, 범인(凡人)의 좁은 마음으로는 흉내조차 내기 힘든 게 사실이다.

이 책도 법정 스님의 열반(涅槃) 이후 불어닥친 추모 열풍 속에 많은 이들이 사서 읽었을 것이 분명하다. 이 책의 가르침대로만 살 수 있다

드라마나 영화 촬영지로 각광을 받을 만큼 아름다운 풍광을 자랑하는 곳이다. 해 질 무렵이면 크고 오래된 나무 사이로 햇살이 눈부시게 부서지고, 단아한 성당 건물은 그 속에서 더욱 빛난다.

면 이 세상은 좀 더 고요해지고, 또 그 맑은 기운 속에서 더욱 많은 사람이 행복해질 수 있을 것이다. 그랬으면 하는 바람이다. 나이를 좀 더 먹어 가면서 '버릴수록 얻을 수 있다.'라는 말뜻을 알아가는 것 같다.

자신이 소유한 것에 소유 당하는 인간 삶의 허상에서 벗어나라는 스님의 말이 폐부(肺腑)를 찌른다. 옳은 길인 것임을 알면서도 마땅히 그 길을 따라나서지 못하는 용기 없음이 부끄럽기 때문이다. 하지만 애쓰고 또 하루하루 그 가르침에 닿으려 노력하다 보면 지금보다 나은 마음의 평안을 얻을 수도 있으리라 기대해본다.

류시화 시인이 글로 남긴 것처럼 이 잠언집은 그 자리에서 한 번에 다 읽고 덮어 버릴 책이 아니다. 곁에 오래 놓아두어야 할 책이다. 그래서인지 단숨에 다 읽고 나서도 두 번, 세 번 다시 읽고, 또 읽게 된다. 하루에 딱 한 가지만이라도 좋은 생각과 정갈한 마음을 품고 명상한다면 맑고 향기롭게 살 수도 있을 것 같은 자신이 생긴다. 언제고 마음이 어두워지고 탁해질 때마다 곱씹어 보려 한다.

침묵과 고요와 몰입을 통해서 마음속에 뿌리내려 있는 가장 곱고 향기로운 연꽃이 피어난다.

살 때는 삶에 철저해 그 전부를 살아야 하고,
죽을 때는 죽음에 철저해 그 전부가 죽어야 한다.

크게 버리는 사람만이 크게 얻을 수 있다.
하나가 필요할 때는 하나만 가져야지, 둘을 갖게 되면 그 소중함마저 잃게 된다.
행복의 비결은 필요한 것을 얼마나 갖고 있는가가 아니라
불필요한 것에서 얼마나 자유로워져 있는가에 있다.

생각을 전부 말해 버리면 말의 의미가, 말의 무게가 여물지 않는다.
말의 무게가 없는 언어는 상대방에게 메아리가 없다.

사람은 언제 어디서 어떤 형태로 살든

그 속에서 물이 흐르고 꽃이 피어날 수 있어야 한다.

우리가 걱정해야 할 것은 늙음이 아니라 녹스는 삶이며,

인간의 목표는 풍부하게 소유하는 것이 아니라 풍성하게 존재하는 것이어야 한다.

우리가 진정으로 만나야 할 사람은 그리운 사람이다.

마주침과 스치고 지나감에는 영혼의 울림이 없다.

영혼의 울림이 없으면 만나도 만난 것이 아니다. - 법정 스님, 『살아 있는 것은 다 행복하라』

서둘렀지만, 공세리성당에 도착할 무렵엔 이미 해가 넘어가고 있었다. 해지기 직전의 넉넉한 햇살이 성당을 가득 채우고 있었다. 밝고 따뜻했다. 성당 주변에 있는 여러 그루의 보호수들은 그 세월만큼이나 풍성한 품으로 먼 데서 온 손님을 반겨 주었다. 한편으로 이곳은 오래 묵은 나무들을 위한 공간이기도 하다.

공세리성당은 아산만과 삽교천을 잇는 충남 아산시 인주면 공세리 야트막한 언덕 위에 세워져 있다. 우리나라 천주교의 역사는 충남 내포에서 시작되었다. 신중환의 『택리지』에는 내포를 충청도에서 가장 좋은 곳이라 했는데, 오늘날 홍성, 예산, 당진, 서산이 여기에 속한다. 서해 바닷길을 통해 들어온 천주교 문물이 가장 먼저 유입되었을 것이고, 그러한 연유로 서해와 가까운 지역에 유서 깊은 성당이 많다. 그중 하나가 바로 아산 공세리성당이다.

공세리성당은 1922년에 프랑스 신부가 중국인 기술자를 데려와 지

은 충남 지역 최초의 성당이다. '공세리'라는 지명은 과거 이곳에 조선 시대 아산, 서산, 한산을 비롯하여 청주, 옥천 등 39개 고을의 조세를 조운선을 이용하여 서울의 경창으로 보내던 공세 창고(貢稅倉庫)가 있던 곳이기에 붙은 이름이다. 아산만과 삽교천을 잇는 지리적 특성으로 초기 선교사들이 포교하기 적합했을 것이다.

성당에 들어서자마자 만나게 되는 350년 넘은 팽나무가 방문객의 시선을 끈다. 해 질 녘 나무 그림자는 길게 늘어져 끝이 보이지 않는다. 곁에 서있는 느티나무는 수령이 4백 년 가까이나 된다. 세곡을 상·하역하는 인부들의 쉼터로 활용하기 위해 조선 시대 때 성곽 옆에 심었던 느티나무들이 세월의 풍상을 견뎌 지금은 성당을 묵묵히 지키고 있는 것이다.

은인자중(隱忍自重)하는 처사(處士)처럼 산중 깊숙한 곳에 자리한 수백여 군데의 사찰을 지금껏 다녀봤다. 절이란 절은 잘도 찾아다니지만, 성당은 아직 익숙하지가 않다. 지금껏 가본 성당이라고 해봐야 전주 전동성당, 대구 계산성당, 횡성 풍수원성당, 원주 용소막성당, 당진 합덕성당, 음성 감곡성당, 제주 한림성당 등 몇 되지 않는다. 종교의 본질은 다르지 않을 터이니 성당의 풍경에도 익숙해질 필요가 있겠다.

공세리성당의 아름다움은 익히 들었다. 『사랑과 야망』, 『에덴의 동쪽』과 같은 드라마는 물론, 『태극기 휘날리며』를 비롯해 여러 편의 영화 촬영이 이곳에서 이루어졌다. 입소문이 나면서 찾는 이가 많이 늘었다는 것이 주민들의 얘기다. 휴일이면 성당으로 통하는 길이 북새통을 이루기도 한다. 전주 전동성당이 영화 『편지』의 촬영지로 알려지면서 유명세를 탄 것과 비슷하다.

조선 후기 천주교 박해의 시기에 이 성당 출신들도 순교했고, 지금도 일부 순교자의 묘가 남아있다. 죽음 앞에서도 당당했던 열여덟 살 청년이 가슴에 새겼을 믿음의 힘, 그 처절함에 경외감이 든다.

2005년에는 우리나라에서 가장 아름다운 성당으로 한국관광공사에서 선정하기도 했는데 성당에 들어서면 세간의 평가가 결코 과장이 아님을 알게 된다. 본당은 1층 적벽돌 건물인데 정면에는 높은 첨탑이 있고 내부에는 무지개 모양의 천장이 있다. 단아하고 정갈한 느낌이 엄격한 가톨릭의 규율을 느끼게 한다. 고딕 양식으로 지어진 성당 모습이 마치 중세 시대 유럽의 고풍스러운 도시에 와있는 듯 착각이 든다. 햇살이 오래된 느티나무 사이로 부서질 때의 공세리성당 모습은 아름답다는 말로는 턱없이 부족하다. 봄날 저녁의 나른함마저 날아가 버리는, 여행을 부르는 '결정적 순간'이다.

아름다운 성당으로만 칭송하기엔 가슴 아픈 순교(殉敎)의 기억도 있다. 조선 후기 천주교 박해의 시기에 이 성당 출신들도 순교했고, 지금도 일부 순교자의 묘가 남아있다. 죽음 앞에서도 당당했던 열여덟 살 청년이 가슴에 새겼을 믿음의 힘, 그 처절함에 경외감이 든다. 불교가 종교의 자유를 얻는 과정에서 이차돈의 순교가 있었듯, 새로운 종교가 민중 속으로 뿌리 내리기 위해선 아픔이 필연적이었나 보다.

공세리성당에는 예수님의 수난과 죽음을 묵상하는 '십자기의 길'이 있는데, 사형선고를 시작으로 십자가를 지고 죽음을 맞이하는 과정을 열네 군데에 조형물로 조성해놓았다. 시시각각 다가오는 시련과 고통을 예수님의 삶을 통해 극복하는 지혜를 일깨워주려는 뜻일까? 전국에서 수많은 신도가 찾아와 조용히 묵상하며 이 길을 걷는다.

공교롭게도 봄에만 공세리성당을 찾았었다. 그래서인지 공세리성당을 떠올릴 때면 따뜻한 봄 햇살이 절로 그려진다. 해가 뉘엿뉘엿 넘어갈 무렵의 햇살은 그 어느 때보다 길고 따스하다. 사랑하는 이의 손길처럼 다정한 온기를 품고 있다. 머리를 쓰다듬어주고, 등을 토닥여

주는 듯하다.

잘 가꾸어진 공원 같다. 가까이 있다면 언제고 찾아와 오래된 나무를 바라보기도 하고, 길게 늘어지는 햇살 아래 몇 번을 거닐어도 좋을 만하다. 성당에 들어가 경건한 마음으로 누군가를 위한 기도를 드려도 좋겠다. 느린 걸음으로 걷는 사람들의 모습이 한없이 여유롭고 정겹다. 4백 년도 훨씬 넘게 살아온 느티나무에 따스한 햇볕이 부서진다. 그들의 내일도 밝고 따뜻한 빛이길 두 손 모아 빌어본다. 평안과 행복이 가득하길.

다섯 번째 여행지 경주

나 또한 풍경이 되어 거닐어본다,
감은사지

이 탑에만 서면 나는 늘 작아진다. 물론 탑의 높이가 무려 13.4미터에 이르니 압도감을 느끼는 것이 당연한 일 일지도 모르겠다. 하지만 탑의 높이보다는 천 년을 넘게 한 자리에 서 있었다는 것에서 더 큰 경외감을 느낀다. 이 짧은 인생을 살아가는 것도 버겁게 느껴지는데 영겁의 세월을 묵묵히 살아왔다는, 엄청난 세월의 무게를 버티고 견뎌왔음에 고개 숙이게 된다.

경주는 신라 천 년의 고도다. 상투적이고 진부(陳腐)하지만 달리 표현하기도 쉽지 않다. 세계 역사를 통틀어서도 신라처럼 천 년 가까이 유지된 국가도 드물뿐더러 경주와 같이 한 번도 도읍을 옮기지 않고 수도로서 나라와 운명을 같이 한 경우는 거의 없다고 봐야 할 것이다. 그래서 신라를 빼고 경주를 얘기할 수도, 경주를 빼고 신라라는 나라를 논할 수도 없다.

경순왕이 고려 태조 왕건에 귀부하며 신라 왕조가 막을 내린 이후 다시 천년의 세월이 훌쩍 흘렀다. 화려했던 고대 왕국의 흔적은 이제 역사책에서나 온전히 살펴볼 수 있게 되었다지만, 지금도 경주의 구석구석에서 세월의 파편으로 남아있는 천 년 전 사람들의 손길을 느껴볼 수 있다. 귀중한 역사적 가치를 지닌 문화재가 그저 여염집 빨래판으로 쓰일 정도니 후세 사람들의 무지를 욕하기보다는 지금도 풍성하게 남아있는 과거의 흔적들에 오히려 감사해야 할지도 모를 일이다.

천년의 세월 속에 천년의 상처가 아로새겨져 있다. 여러 차례 복원했지만 여전히 깨어지고 으스러진, 그러나 꿋꿋이 영겁의 세월을 버텨온 상처투성이의 탑을 바라보는 것만으로도 위안이 된다.

몇 해 전 새로 뚫린 추령터널을 지나 동해바닷가 문무대왕릉에 이르는 도로를 따라가다 보면 나지막한 산 아래 우뚝 서 있는 두 개의 탑을 만나게 된다. 마치 쌍둥이처럼 닮은 두 탑이 바로 감은사지 3층 석탑이다. 유홍준 교수가 『나의 문화유산답사기』에서 그 감동을 제대로 표현할 수 없어 “아! 감은사여, 감은사탑이여. 아! 감은사탑이여. 아! 감은사….”로 끝맺어야 했던, 바로 그 탑이다.

유홍준 교수는 추령재를 넘어 감은사 가는 길을 우리나라에서 첫째, 둘째는 아닐지 몰라도 최소한 빼놓을 수 없는 아름다운 길이라 극찬하고 있다. 나 역시 이에 동의하지 않을 길이 없다. 단풍이 곱게 물드는 가을에 산과 호수와 내를 끼고 구불구불 펼쳐지는 이 길을 지나노라면 절로 탄성이 터져 나오곤 했다. 사람들의 수많은 추억이 길 위에 겹겹이 쌓였을 테지.

문무대왕은 죽어서도 동해의 용이 되어 신라를 지키겠다는 유언을 남기며 대왕암에 묻혔다. 어둠을 뚫고 대왕의 마음을 닮은 동해의 태양이 붉게 떠올랐다.

지금은 새로 생긴 터널을 이용해 빠르고 수월하게 다닐 수 있게 되었지만, 예의 그 절경을 오롯이 다 볼 수 없다는 아쉬움 또한 크다. 이곳을 지날 때면 어린 시절 버스를 타고, 혹은 외딴 시골 마을에 물건을 팔러 다니시던 외삼촌의 트럭에 올라타고 구절양장(九折羊腸)과도 같은 추령재를 넘던 모습이 떠오르곤 한다.

아스라이 떠오르는 추억이 나를 이끌 때면 편한 터널 길 대신 추령재 옛길로 차를 달린다. 지금은 찾는 이가 없어 무척 쓸쓸한 길이다. 봄, 가을에 동해바닷가를 찾는 이가 있다면 이 길을 달려보라고 일러주곤 한다.

추령재의 원래 이름은 가내고개였다. 이 고개를 경계로 서쪽으로는 황룡동에서 발원한 북천이 흐르고, 동쪽으로는 양북면 장항리에서 발원한 대종천이 흘러 동해에 이른다. 1994년에 경주에 큰 가뭄이 든 적이 있었는데, 이 고개에 터널을 뚫어 하늘이 노했다는 이야기가 시민들 사이에 회자되기도 했을 정도로 이 지역에서는 교통의 요충지이자 유서 깊은 고개였다.

추령재 너머 푸른 물결 넘실대는 동해를 지척에 둔 경주시 양북면 용당리에 천년 고찰 감은사가 있다. 지금은 석탑만 덩그러니 남아있으니, '감은사지'라는 표현이 정확하겠다. 삼국을 통일한 문무왕이 새 국가의 위엄을 세우고, 시시때때로 침범해오는 동해의 왜구를 부처의 힘으로 막아보고자 하는 염원을 담아 세운 절이다. 불행히도 문무왕은 생전에 사찰의 완성을 보지 못했고, 아들인 신문왕 2년에 이르러 마침내 감은사가 완공된다.

문무왕은 죽어서도 동해의 용이 되어 나라를 지키고자 했으니 그의 수중릉이 감은사지 근처 동해에 있다. 이처럼 지극한 부왕의 은혜에 감사하는 마음을 담아 절의 이름을 감은사라 했고, 동해에서 외적을 물리치느라 지칠까, 감은사에 와 편히 쉴 수 있도록 물길을 만들었다 한다. 지금도 감은사지에 가면 금당 자리 아래 석축 사이로 공간이 비어 있는 것을 볼 수 있는데 지척에 있는 문무대왕 수중릉과 함께 지금까지도 많은 이야깃거리를 남겨주고 있다.

누군가는 허무맹랑한 전설쯤으로 치부할 수도 있겠다. 지금의 지형을 보면 동해로 연결되는 대종천과 감은사지는 한참이나 떨어져 있다. 게다가 문무왕이 수중릉에 묻혔을 가능성 자체에도 고개를 갸웃거리는 사람들이 많다. 하지만 오래된 유물을 볼 때는 상상력을 발휘할 필요가 있다. 게다가 천여 년의 시간이 흐르는 동안 주변의 지형도 큰 변화가 있었다는 점을 감안한다면 동해까지 이어지는 대종천의 물길을 실제로 이 절로 끌어들였을 가능성은 충분하다고 본다. 물론 그 좁은 물길로 동해의 용이 오갔을 리는 없겠지만.

이런 이야기들 덕분에 경주 여행이 한껏 풍성해질 수 있다. 늘 떠오르는 동해의 태양이 새삼스럽게 느껴지는 것은 죽어서도 외적의 침입을 걱정했던 군주의 마음이 투영되기 때문이다. 자욱하게 피어나는 물안개와 자유롭게 비행하는 갈매기들의 날갯짓에도 의미를 부여하게 된다. 해돋이의 장엄한 풍경 앞에서 잠시나마 작은 것들에 대한 집착을 벗어던진다.

감은사는 '쌍탑일금당(雙塔一金堂)'이라는 통일신라 절집 배치의 모범을 보여주고 있다. 삼국시대 신라의 1탑 중심 형태에서 통일신라 시기 쌍탑 가람으로 가는 최초의 형태인 것이다. 금당 앞에 세워져 있던 석탑은 2단의 기단 위에 3층의 탑신을 쌓아 올린 형태로, 동탑과 서탑은 서로 같은 형태와 양식을 보여주고 있다. 지금껏 천 년이 넘는 세월을 견뎌내고 있는 한 쌍의 삼층 석탑이 신라 조형예술의 절정이라고 칭송받는 석가탑의 시원(始原)이라 하니, 그저 허투루 보아 넘겨서는 안 될 것 같다.

감은사지는 그다지 유명한 사찰은 아니다. 모르고 지나치는 이가 많다. 어떤 이는 양북 바닷가의 문무대왕릉을 보러 가는 길에 덤으로 이곳을 찾기도 한다. 그러나 확실한 것은 불국사나 천마총처럼 이름난 명소에 못지않은 역사적 가치를 감은사지 삼층 석탑이 지니고 있다는 점이다. 천년의 세월 속에 천 년의 상처가 아로새겨져 있는 것이 바로 감은사지 삼층 석탑이다.

이곳 풍경은 상상력을 일깨워준다. 때마침 이는 바람에 풍경 소리가 그윽하게 울리고, 해가 뉘엿뉘엿 넘어가는 탑 그림자가 동해에까지 길게 늘어지는 한없이 여유롭고 고요한 그림을 그려본다.

분명 오래되고, 낡고, 허물어져 가는 곳인데도 이곳에 오면 언제나 마음이 따뜻해져서 돌아간다. 여러 차례 복원했다고는 하지만 여전히 군데군데 금이 가 있고, 천여 년의 비바람 속에 으스러진 자국이 남아있는 두 개의 탑을 바라보는 것만으로도 위안이 된다. 뭐라 설명할 수 없는 힘을 얻을 수 있어서 좋은 곳이다.

감은사지는 결코 볼거리가 많은 곳이 아니다. 그리 넓지 않은 절터에 휑하니 두 개의 탑만이 서로를 바라보며 말없이 서있다. 맞은편에는 산과 들과 강이 어우러져 넓은 동해로 이어진다. 세찬 바닷바람과 맞닥뜨려야 하는 겨울에는 잠시도 서있기 어려울 정도로 춥다. 한여름 뙤약볕을 막아줄 것도 없는 이곳이 왜 이리도 끌리는 것일까.

이곳에 오면 늘 뒷짐을 지고 여유롭게 몇 번을 거닐어보곤 한다. 이 절의 금당 터는 지금까지도 잘 보존되어 있다. 죽어서도 동해의 용이 되어 신라를 지키겠다는 유언을 남긴 부왕 문무왕의 유지를 받들어 이 절을 지은 신문왕이 용이 절에 출입할 수 있는 구조로 만들었다고 하는 설화를 떠올리며 상상의 나래를 펼쳐본다.

이 탑에만 서면 나는 늘 작아진다. 물론 탑의 높이가 무려 13.4미터에 이르니 압도감을 느끼는 것이 당연한 일 일지도 모르겠다. 하지만 탑의 높이보다는 천 년을 넘게 한 자리에 서 있었다는 것에서 더 큰 경외감을 느낀다. 이 짧은 인생을 살아가는 것도 버겁게 느껴지는데 영겁의 세월을 묵묵히 살아왔다는, 엄청난 세월의 무게를 버티고 견뎌왔음에 고개 숙이게 된다.

이곳 풍경은 상상력을 일깨워준다. 절 앞의 대종천에 물이 넘실넘실대고, 넓은 들판에는 누렇게 익은 벼들이 황금 물결을 이루고 있는 모습을 그려본다. 때마침 이는 바람에 풍경 소리가 그윽하게 울리고, 해가 뉘엿뉘엿 넘어가는 탑 그림자가 동해까지 길게 늘어지는, 한없이 여유롭고 고요한 그림 속에서 나 또한 풍경이 되어 거닐어본다.

다섯 번째 여행지 경주

시든다 한들 피어나길 주저할까,
경주의 봄

아쉽게도 시간은 사람을 기다려 주지 않는다. 해마다 꽃은 때가 되면 피어나겠지만, '제때'를 찾아가기가 그리 쉽지는 않다. 게다가 벚꽃은 화려하되 오래가지 않는다. 피었나 싶으면 때맞춰 찾아오는 봄비에 제 잎을 모두 날려버리고 만다. 아쉬울 것 없다는 듯 바람에 날리고 비에 젖어 떨어진 꽃잎들은 돌이킬 수 없는 청춘의 화려한 사체(死體)인 듯싶다.

어찌할 수 없는 자연의 법칙에 맞서기보다는 시들어가는 삶 속에서도 존귀함을 잃지 않는 방법을 터득하는 것, 이것이 남은 여로의 관건이겠다.

우리나라에 경주라는 도시가 있다는 것은 축복이다. 경주에 들어서는 순간의 느낌부터가 다르다. 불어오는 바람 내음이 다르고 공기에서도 오랜 세월이 느껴진다. 익숙한 누군가가 따뜻한 시선으로 지켜봐주는 듯한 편안한 느낌이 있어서 언제나 경주를 생각하면 노곤한 졸음이 오는지도 모르겠다.

초등학교 때부터 이십여 년 이상을 살았으면서도 정작 이 땅에 발붙이고 살 때는 좋은 걸 몰랐다. 늘 마주치는 문화재들은 지루한 존재들이었고, '전통(傳統)'과 '보전(保全)'이라는 키워드로 변화의 기운을 억압하고 있는, 박제(剝製)된 도시에서의 일상은 무료했다. 답답함을 견디지 못해 당장에라도 떠나고 싶었던 이 도시가 이제는 그리움의 대상이 된 것은 그저 무심히 흐르는 세월 탓만은 아닐 것이다.

경주는 언제 찾아도 좋은 곳이다. 계절마다 어울리는 볼거리가 있고 나름의 분위기가 있지만, 봄날의 경주는 황홀할 정도로 아름답다. 4월쯤이면 온갖 봄꽃들이 저마다 앞다퉈 피어나며 색의 향연이 펼쳐진다. 물 반, 고기 반이라더니 봄날의 경주는 꽃이 반이요, 사람이 반이다. 그중에서도 단연 최고를 꼽는다면 흰 벚꽃과 노란 유채꽃이 환상적인 조합을 이루는 풍경이 먼저 머리에 그려진다.

물론 벚꽃은 어디서 피어도 아름답고 화려하다. 군항제가 열리는 진해의 벚꽃은 더 말할 나위가 없고, 어느 시골 이름 없는 길가에서 홀로 화려한 자태를 드러내는 그것마저 아름답다. 김유신 장군 묘, 대릉원 돌담길, 시내에서 보문단지에 이르는 가로수길. 경주에도 벚꽃 명소가 많지만, 반월성 앞 너른 꽃밭에서처럼 샛노란 유채꽃 물결이 넘실대는 가운데 흰 벚꽃이 눈처럼 날리는 아름다움의 극치를 눈앞에서 감상할 수 있는 곳은 그리 흔치 않을 것이다.

노천박물관 경주에서는 봄마다 화려한 꽃의 향연이 펼쳐진다. 반월성을 풍성하게 채워주던 흰 벚꽃이 지고 나면 첨성대 앞 너른 들판에는 샛노란 유채꽃이 춘심(春心)을 일깨운다.

아쉽게도 시간은 사람을 기다려 주지 않는다. 해마다 꽃은 때가 되면 피어나겠지만, '제때'를 찾아가기가 그리 쉽지는 않다. 게다가 벚꽃은 화려하되 오래가지 않는다. 피었나 싶으면 때맞춰 찾아오는 봄비에 제 잎을 모두 날려버리고 만다. 아쉬울 것 없다는 듯 바람에 날리고 비에 젖어 떨어진 꽃잎들은 돌이킬 수 없는 청춘의 화려한 사체(死體)인 듯싶다.

좀 호젓한 분위기를 즐기고 싶다거나 유채꽃의 샛노란 투박함이 좋다면 분황사 앞 황룡사지에 조성된 유채꽃밭을 찾아보는 것도 괜찮을 것 같다. 폐사지의 공허함을 채워주는 고마운 꽃이다. 이곳 넓은 터에도 몇 해 전부터 꽃밭이 조성되었는데 봄에는 유채꽃을, 한여름이 지나면 금계국과 코스모스를 심는다.

벚꽃은 어디서 피어도 아름답고 화려하다. 어느 시골 이름 없는 길가에서 홀로 화려한 자태를 드러내는 그것마저 아름답다. 경주에도 김유신장군묘, 대릉원 돌담길, 보문단지 등 벚꽃 명소가 많다.

좀 호젓한 분위기를 즐기고 싶다거나 유채꽃의 샛노란 투박함이 좋다면 분황사 앞 황룡사지에 조성된 유채꽃밭을 찾아보는 것도 괜찮을 것 같다. 폐사지의 공허함을 채워주는 고마운 꽃이다.

벚꽃과 어우러지는 화려함에는 미치지 못할지라도 광활하게 펼쳐진 유채꽃의 수수하지만 강렬한 풍경 역시 색다른 볼거리를 선사한다. 장엄하고 웅장한 동양 최고(最高)의 9층 목탑을 너른 품으로 안았던 황룡사의 영화는 이제 폐사지(廢寺址)의 땅속에 묻혔지만, 천년의 세월이 흐린 뒤 후손들은 봄꽃 향기에 취해 그 위를 거닌다.

이곳에 서서 유채꽃밭의 장관을 지켜보고 있노라면 늦가을의 누런 들판이 생각난다. 옛날 어른들은 가을날 누렇게 익은 벼만 봐도 배가 부르다고들 하셨는데 어느덧 나이를 먹다 보니 나도 유채꽃의 샛노란 빛에서 풍성한 가을의 풍요를 떠올리고 있다.

온 듯싶더니 하룻밤 꿈처럼 가버리기에 봄이 더욱 애달픈가 보다. 그래도 봄은 봄이라서 아름답다. 계절은 매번 이렇게 순환하지만 한

번 가버린 우리 인생은 되돌릴 수 없다. 인생을 계절에 비유한다면 나는 어디쯤 온 것일까? 아마도 봄은 훌쩍 지나쳤겠지.

바람 한 점 없는 고요한 봄날 저녁. 이런 때를 기다려 꼭 가봐야 할 곳이 있다. 경주 안압지(雁鴨池, 최근에는 동궁과 월지로 공식 명칭이 바뀌었다.)가 바로 그곳이다. 삼각대에 카메라를 고정하고, 해가 뉘엿뉘엿 넘어가는 모습들을 한 컷 한 컷 카메라에 담는 매 순간이 무념무상의 시간이다. 땅거미가 지고 일상의 풍경이 어둠의 고요 속으로 사라져 갈 때, 안압지는 비로소 숨겨두었던 비경을 시나브로 드러낸다.

봄날의 경주는 바람이 거세기로 유명하다. 거울처럼 깨끗한 반영을 카메라에 담기가 쉽지만은 않다. 모처럼 큰마음 먹고 장비를 챙겨 안압지에 당도했건만 무심한 춘풍이 한바탕 불어온다면……. 그래도 실망할 필요는 없다. 바람 부는 날은 바람 부는 대로 나름의 정취(情趣)를 맘껏 즐기면 그뿐 아니겠는가.

경주에서 이십여 년 이상을 살았으면서도 정작 안압지의 야경을 접하게 된 건 경주를 떠나고도 한참이 지난 어느 봄날이었다. 이렇게 좋은 곳을 가까이 두고서도 한 번도 와보지 못했었나 하는 아쉬움은 그저 만시지탄(晩時之歎)이다. 봄날 저녁의 안압지에서 맛보았던 작은 행복을 그대도 함께 느낄 수 있다면 참 좋겠다.

삼각대에 카메라를 걸어두고 해가 뉘엿뉘엿 서산으로 넘어가는 순간을 기다린다. 느긋한 기다림 속에 온갖 상념이 공존한다. 불현듯 꽤 오래전 읽었던 책 한 권이 생각난다. 눈길이 갔던 건 아마도 제목 때문이었을 것이다. 『보통의 존재』. 뭐 하나 내세울 것 없는, 별 볼 일 없는 삶을 사는 나와 같은 사람들 이야기이겠거니. 불편하면서도 한편 묘한 끌림이 있었다.

해가 뉘엿뉘엿 넘어가는 모습들을 한 컷 한 컷 카메라에 담는 매 순간이 무념무상의 시간이다. 땅거미가 지고 일상의 풍경이 어둠의 고요 속으로 사라져 갈 때 비로소 숨겨두었던 비경을 시나브로 드러낸다.

인디밴드 '언니네 이발관'의 보컬인 이석원이 이 책을 썼다. 그가 살아온 인생은 평범하지 않지만, 그렇다고 거창하거나 특별해 보이지도 않는다. 어려서 뭔가 간절히 해보고 싶거나 이루고 싶었던 꿈이 없었던 그는 서른여덟 나이가 되어서도 여전히 생의 의미를 명확하게 발견하지 못했다고 고백한다. 무엇을 하며 살 것인지, 어떻게 살아가야 하는가를 고민하는 그이지만, 누구나 배우가 되고 감독이 될 필요는 없다고 결론지었다.

그의 생각은 이러하다. 누구나 배우나 감독이 되고 싶어 하는 것은 아니며, 또한 그러한 자질을 갖고 태어나지도 않았으니 안온한 관객의 자리에 만족하며 사는 것도 삶의 한 방편일 수 있음을 얘기한다. 꿈이 없다고 고민하는 청소년들을 향해 "관객이 되면 그뿐"이라며 고민하지 말라는 충고를 아끼지 않는 그. 이런 면에서 그는 분명 '특별한 존재'임이 틀림없다.

> 활짝 핀 꽃 앞에 놓인
> 남은 운명이
> 시드는 것밖엔 없다 한들
> 그렇다고
> 피어나길 주저하겠는가. - 이석원, 『보통의 존재』

한참이나 가슴 속에 남는 글귀다. 아름다운 꽃처럼 활짝 피어났다가 순식간에 시들 인생이지만 희끗희끗하게 머리엔 서리가 내리고, 주름질 황혼이 두려워 젊음을 마다할 수야 없지 않은가. 꽃은 피면 시들게 마련이다. 어찌할 수 없는 자연의 법칙에 맞서기보다는 시들어가는 삶 속에서도 존귀함을 잃지 않는 방법을 터득하는 것, 이것이 남은 여로의 관건이겠다.

봄날의 경주를 환하게 채워주는 봄꽃은 어디서 피어도 아름답고 화려하다. 반월성, 황룡사지, 김유신 장군 묘, 대릉원 돌담길, 시내에서 보문단지에 이르는 가로수길 등 경주의 수많은 명소에는 상춘객(賞春客)들로 붐벼 활기가 넘친다.

여섯 번째 여행지 화순

보고 싶은 내 마음이 다녀간 줄 알아라, 운주사

어느새 나는 휘영청 밝은 보름달이 쏟아지는 강변을 거닐기도, 운주사 와불 옆에 팔 베고 누워 조용히 엄마를 부르기도, 산사의 적막을 깨는 풍경 소리에 담긴 애끓는 그리움을 좇기도 한다. 운주사를 돌아 나오는 길에 한참 동안 불상들을 말없이 바라보고 있노라니 마치 아는 이의 얼굴을 보는 듯하다. 따뜻하게 안아주고, 쓰다듬어주고 싶다는 생각이 든다. 그리하여 나 또한 위로받고 구원받을 수 있을 것 같다. 오랜 세월 동안 깨지고, 갈라지고, 으스러진 불상과 불탑처럼 상처를 품에 안고 살아가는 사람들을 따스하고 넉넉한 품으로 안아주는 절로 남아주었으면 좋겠다.

천불천탑의 절, 운주사 일주문을 지나 조금만 걸어 들어오면 이처럼 수많은 부처님과 탑들을 마주하게 된다. 미적 감각은 턱없이 떨어질지라도 나와 비슷한 누군가의 마음이 느껴져 위로를 받는다.

운주사 와불님을 뵙고
돌아오는 길에
그대 가슴의 처마 끝에
풍경을 달고 돌아왔다.
먼 데서 바람 불어와
풍경소리 들리면
보고 싶은 내 마음이
찾아간 줄 알아라 – 정호승, 「풍경 달다」

굳이 의도한 것은 아니었지만 '천불천탑(千佛千塔)의 절' 운주사를 다시 찾은 것도 가을이었다. 어느 때라도 나쁘지 않겠지만 구름이 머무는 절, 운주사는 가을이 제격일 것 같다. 이 절은 말이나 글로 표현하기 힘든 묘한 매력을 지니고 있어서 돌아서는 발걸음이 아쉽고, 매번 다음을 기약하게 한다. 와불의 품에서 따뜻한 위로를 받고, 애틋한 그리움은 풍경에 달아 둔다.

운주사를 처음 찾았던 것은 해가 뉘엿뉘엿 넘어가던 어느 가을날 오후였다. 하늘은 청명하기 그지없었고, 운주사 위에 머물러 있는 하얀 구름이 절 이름과 참 잘 어울린다는 인상을 받았던 기억이 난다. 이렇게 마음에 쏙 드는 절을 이제서야 알게 되었을까 하는 아쉬움과 이제라도 알게 되었으니 다행이라는 안도감이 교차하기도 했었다.

절이 크고 웅장해서 그런 것은 결코 아니다. 주변 풍광이 수려해 사람의 마음을 쏙 빼놓을 정도라서 그랬던 것도 물론 아니다. 운주사는 지금까지 다녀본 사찰과는 전혀 다른 독특한 느낌을 주는 곳이었다. 미스테리한 암호와 예언, 지나치게 친숙한 이웃의 얼굴. 너무나 상반된 이미지가 공존하면서 새로운 화두를 잉태하고 있다.

운주사가 알려지기 시작한 것은 그리 오래되지 않았다. 이 작은 절이 세상 사람들의 주목을 받게 된 것은 황석영의 소설 『장길산』의 무대로 등장하면서부터다. 소설 속 운주사는 천민들이 새로운 세상을 꿈꾸며 천불천탑을 세우려 했던 혁명의 성지(聖地)였다. 이후 시와 드라마의 소재로 소개되며 많은 이들의 사랑을 받는 명소가 되었지만, 절의 창건과 천불천탑의 유래는 여전히 베일에 싸여있다.

절 입구에서 표를 끊고 들어가 맨 처음 일주문을 만나게 되는 것은 여느 사찰과 별반 다르지 않다. 조금 더 걸어 들어가면 높다랗게 솟은 수많은 석탑이 나타난다. 석가탑이나 다보탑까지는 아니더라도 보통의 사찰 경내에서 흔히 볼 수 있는 정제된 조형미의 석탑 모

거대한 바위 위에 운주사 부부와불이 금슬 좋은 모습으로 누워있다. 도선 스님의 명으로 불상을 만들고 있던 석공이 날이 새 급히 하늘로 올라가느라 미처 일으켜 세우지 못했다는 이야기가 전해진다.

양이 결코 아니다. 누군가가 건성건성 쌓아 올린 듯 보이기까지 할 정도다.

석탑이 다가 아니다. 바로 곁에는 암각화로 그려지거나 바위에 조각된 수많은 석불이 세워져 있는데, 그 숫자가 얼마나 되는지 헤아리기도 힘들 정도로 많다. 석탑과 마찬가지로 이 석불들도 정제되지 않았다. 전문으로 돌을 다루던 석공이 아닌 일반인의 솜씨임이 분명하다. 세련되진 못하되, 그 표정들이나 생김새가 아주 정겹다.

'천불천탑(千佛千塔)의 절'이라는 말이 괜히 나온 것이 아닌가 보다. 과거에는 정말로 천 개의 석탑과 천 개의 불상이 있었을지도 모른다는 생각이 든다. 화재로 소실되고 정유재란 때는 왜군의 침탈에 시달린 운주사는 이후 아예 폐사되고 말았다. 폐사지에 남겨진 부처와 탑들은 이런저런 사연으로 훼손되고 소실되었을 것이다. 기록에 의하면 1942년까지 이 절에는 213개의 석불과 30개의 석탑이 있었는데, 지금은 석불 70개와 12개의 석탑만이 남아있다고 한다.

천불신앙은 우리나라에서 오래전부터 있었다. 불가에서 '천(千)'은 무한히 많음을 뜻한다. '천불'은 인간사의 번뇌로부터 중생을 구제해주는 부처이니 천불을 만드는 것은 이처럼 간절한 바람이나 소망을 이루고자 하는 뜻으로 해석할 수 있다. 해남 대흥사를 비롯해 여러 사찰에서 천불전을 모시고 있는 이유가 여기에 있다.

특이한 것은 한 불전 안에 천불을 모신 것이 아니라는 점이다. 운주사의 구석구석에 부처와 탑의 모양으로 자리해있다. 또한, 나무나 청동처럼 가공하기 쉬운 소재를 사용하여 작게 만든 것이 보통인데, 운주사처럼 돌을 가지고 거대한 탑과 불상을 조성한 경우는 흔치가 않다. 불상과 탑의 배치가 밤하늘의 별자리 배치와 일치한다는 천문

정제된 조형미와는 한참 거리가 먼, 투박함과 애달픈 민초의 삶이 투영되어 있는 불상들 앞에서 얼마나 많은 사람이 위로를 받고, 혹은 누군가를 위로하고 돌아갈 수 있을까.

학자의 주장도 있다고 하니 실로 놀라운 일이 아닐 수 없다.

운주사의 천불천탑은 누가 만들었을까? 황석영의 소설에서처럼 노비와 천민들이 그들만의 해방구를 몰래 만들었다는 이야기도 있고, 하늘에서 석공이 내려와 뚝딱 만들었다는 이야기도 전한다. 가장 유명한 전설은 풍수지리의 비조(鼻祖)로 알려진 신라 말의 도선 국사가 운주사를 창건했다는 것이다.

풍수지리에 능했던 도선 국사가 우리나라의 지형을 배로 파악해 보니 산이 많은 동쪽의 영남 지역은 무겁고 서쪽의 호남 지역은 가벼워 배가 기울어질 것이 염려됐다고 한다. 그냥 두면 우리나라의 기운이 일본 쪽으로 몽땅 흘러간다는 것이다. 스님이 이를 막기 위해 배의 중심에 천 개의 석탑과 불상을 하룻밤 사이에 만들었는데, 그 자리가 바로 운주계곡이라는 것이다. 도선 국사는 8세기 인물로 운주사가 세워지기 한참 전이니 현실적이지 않은 전설일 뿐이지만, 운주사 뒷산에 올라 상상의 나래를 펼쳐보는 것도 나쁘지 않겠다.

천불천탑 가운데서도 중심이 되는 것은 누워 있는 부처님이다. 흔히 말하는 '운주사 와불(臥佛)'이다. 운주사에 왔다면 이 와불을 꼭 만나보고 가야 한다. '부부와불'이라고도 불리는데, 운주사의 천불천탑 가운데 가장 늦게 만들어진 부처님이라고 한다. 운주사의 칠성바위가 가리키는 정북 방향에 있는 북극성의 상징물이기도 하다.

그런데 운주사 와불은 엄밀히 얘기하자면 와불이 아니다. 원래 와불은 석가모니가 모로 누워 돌아가신 모습을 새긴 측와상(側臥像)을 얘기하는데 운주사 와불 두 기 중 위의 것은 입상, 아래 것은 좌상이다. 원래는 자연 암반에다 불상을 조각하고 세우려 했는데 손상 없이 떼어내기 어려워 포기한 것으로 보인다는 것이 지금까지의 과학적 조사 결과다.

돌부처를 힘들여 새겨놓고도 정작 일으켜 세우지는 못했으니 안타까운 일이다. 마지막 부처만 세우면 세상이 바뀌는데, 고단함을 이기지 못한 한 석공이 거짓으로 닭이 울었다 외치는 바람에 모든 것이 수포로 돌아갔다는 이야기가 전한다. 자신의 고달픈 삶을 부처에 투영해 새로운 세상을 꿈꾸던 사람들은 희망을 잃었고, 부처도 꼿꼿이 서지 못하고 비탈에 처박힌 채 천 년을 누워 있게 된 것이다.

와불은 길이가 무려 12미터, 너비가 10미터에 달하는 바위에 나란히 조각되어 있다. 이 와불이 일어서는 날 세상이 뒤바뀌고 천 년간 태평성대가 이어질 것이라는 흥미로운 전설이 전해져 온다. 이것 또한 미륵 신앙과 연관이 되어 있다고 하는데, 그 옛날 힘들었던 삶을 미래의 미륵불에 의지하며 지탱했던 민초들이 떠오른다. 한 줄기 희망의 끈을 부여잡고 현실의 고단함마저 견뎌 내고자 했던 옛사람들의 간절한 바람으로 이해해보련다.

사람들의 발길이 끊긴 절집은 한없이 고요하다. 무수한 욕심과 번뇌에 사로잡힌 사람들의 마음까지도 이내 깊이 가라앉을 듯하다. 스님의 목탁 소리와 이따금 울려 퍼지는 풍경 소리만이 산사의 적막을 일깨운다. “말씀은 가만가만, 걸음은 조용히”라는 푯말이 없더라도 누구나 절로 몸과 마음을 가지런히 하게 된다.

예전보다 좀 더 많은 사람의 발걸음과 말소리가 절의 고요함을 깨워 주리라. 정제된 조형미와는 한참 거리가 먼, 투박함과 애달픈 민초의 삶이 투영된 불상과 불탑들 앞에서 얼마나 많은 사람이 위로를 받고, 혹은 누군가를 위로하고 돌아갈 수 있을까. 절의 겉모습이 어떻게 달라진다 한들, 따스하고 넉넉한 품만은 고이 간직했으면 좋겠다.

천불천탑의 절을 거니노라면 절로 시인의 마음을 닮게 된다. 압축되고 정제된 단어를 통해 시(詩)라는 형식으로 만들어내야 하는 시인의 고통에 비할 수는 없지만, 운주사에는 내 속에 잠재된 문학적 감성이 몽글몽글 피어나게 하는 무언가가 있다. 시에 담긴 시인의 수많은 상징과 은유를, 시인의 마음을 제대로 알지도 못하면서 말이다.

여전히 내게 시란 것은 어렵다. 예전보다 시를 좀 더 자주 접하려 노력하고, 시를 읽으며 마음에 잔잔한 물결이 일어나는 놀라운 경험을 가끔 하기도 하지만 고개를 갸웃하게 되는 경우가 솔직히 더 많다. 이러이러한 시인의 시가 좋다고 하는데, 읽어봐도 왜 좋은지 모르겠으니 문학적 감성이라는 것이 벼락치기 공부하듯 한다고 해서 저절로 샘솟는 게 아니라는 건 확실한 것 같다.

울지 마라
외로우니까 사람이다.
살아간다는 것은 외로움을 견디는 일이다.
공연히 오지 않는 전화를 기다리지 마라
눈이 오면 눈길을 걸어가고
비가 오면 빗길을 걸어가라
갈대숲에서 가슴 검은 도요새도 너를 보고 있다.
가끔은 하느님도 외로워서 눈물을 흘리신다.
새들이 나뭇가지에 앉아 있는 것도 외로움 때문이다.
네가 물가에 앉아 있는 것도 외로움 때문이다.
산 그림자도 외로워서 하루에 한 번씩 마을로 내려온다.
종소리도 외로워서 울려 퍼진다. - 정호승, 「수선화에게」

그래도 포기하지 않고 시를 읽어보려 한다. 외로우니까 사람이라며, 가끔은 하느님도 외로워서 눈물을 흘리시고, 산 그림자도 외로워서 하루에 한 번씩 마을로 내려오고, 종소리도 외로워서 울려 퍼진다며 우리를 위로하는 시인에게서 잠시 숨 고를 여유를 얻는다.

산에 가도, 바다에 가도, 님하고 가면 좋다는 시인의 마음은 보통의 평범한 우리를 쏙 빼닮았다. 우리도 시인이 될 수 있고, 우리의 말이 시가 될 수도 있다는 것에 희망을 품어 보는 것이다. 좋은 시를 읽으면서 느끼는 감동은 천둥벼락처럼 내 가슴을 때리기보다는 하얀 천에 아름다운 빛깔이 스며들 듯 느리게 오지만, 쉬 사라지지 않고 오랫동안 진한 향기로 남아 때로는 가슴을 먹먹하게 하기도 하고, 슬며시 웃음 짓게 하기도 한다.

시에 문외한이었던 내게 시를 읽는 즐거움을 일깨워 준 이에게 고마움을 표한다. 시를 읽고 있자면 어느새 나는 휘영청 밝은 보름달이 쏟아지는 강변을 거닐기도 하고, 운주사 와불 옆에 팔 베고 누워 조용히 엄마를 부르기도 하고, 산사의 적막을 깨는 풍경 소리에 담긴 애끓는 그리움을 좇기도 한다. 그때가 바로 시가 내게로 온 바로 그 순간이다.

운주사를 돌아 나오는 길에 한참 동안 불상들을 말없이 바라보고 있노라니 마치 아는 이의 얼굴을 보는 듯하다. 따뜻하게 안아주고, 쓰다듬어주고 싶다는 생각이 든다. 그리하여 나 또한 위로받고 구원받을 수 있을 것 같다. 오랜 세월 동안 깨지고, 갈라지고, 으스러진 불상과 불탑처럼 상처를 품에 안고 살아가는 사람들을 따스하고 넉넉한 품으로 안아주는 절로 남아주었으면 좋겠다.

일곱 번째 여행지 영주

무량수전 배흘림기둥에 기대서서, 부석사

절을 찾는 분에게는 아침이나 저녁 무렵에 절을 찾으시라고 권해드리곤 한다. 확실히 한낮의 번잡함 속에서 바라보던 절에서는 도저히 느낄 수 없는 마음의 평안을 얻을 수 있을 것이다. 백문이 불여일견이라고 하지 않았던가. 입에 침이 마르도록 칭찬해도 지나치지 않는 곳, 부석사를 찾아가는 작은 수고를 더 이상 미루지 않았으면 한다. 분명 그 걸음은 느리되, 그 시선은 오래된 것에 대한 애정을 듬뿍 담은 것이어야 한다는 것도 잊지 않도록!

▌아직 어둑어둑한 새벽길을 달려 부석사에 도착했다. 사람들의 발길이 분주해지기 전에 부석사의 고즈넉함을 즐기려다 보니 마음이 급해졌다. 운이 좋으면 태백 준령 너머 떠오르는 붉은 일출을 볼 수도 있지 않을까 기대했지만, 나의 마음을 아는지 모르는지 무심한 빗줄기는 도무지 잦아들 줄을 모른다.

매년 결심을 하곤 한다. 올가을엔 노랗게 물든 부석사의 은행나무길을 꼭 걸어보리라. 그러나 매번 또 이렇게 때를 놓치고 만다. 은행잎들은 이미 나뭇가지를 떠나 길 위에 소복하게 쌓여 있다. 겨울을 저만치 앞둔 계절에 나뭇잎들도 자신을 치열하게 불태우고는 태어났던 땅으로 돌아갈 날을 기다리고 있는 듯하다.

부석사는 비와 안개에 갇혀 있다. 짙은 안개로 시야를 허용치 않더니 어느 순간 하늘이, 산이 열리기 시작한다. 부석사를 수십 번은 다녀갔지만 이렇게 이른 시간에, 또 이렇게 신비로운 풍경을 만나게 되는 건 처음이다. 푸른 가을 하늘 아래 부석사의 모습을 카메라에 담아갈 수는 없지만 뭔가 꿈꾸는 듯 몽환적이면서도 마음마저 저만치 내려놓게 만드는 부석사를 마음에 담아갈 수 있어서 한편 다행이란 생각도 들었다.

무량수전 앞마당에서 안양루 아래를 내려다보고 있으니 비로소 유홍준 교수가 예찬했던 부석사의 장쾌함을 제대로 느낄 수 있다. 부석사 가장 높은 자리에서 자연이 선사하는 최고의 풍경을 바라보던 이날의 행복을 앞으로도 잊지 못할 것 같다. 놓치기 싫은 아름다움은 찰나의 순간만큼 짧기만 하다. 겨우 몇 분의 시간이 지나면 눈 앞에 펼쳐지던 황홀경은 다시 안개에 묻혀 버리고 만다.

부석사 무량수전은 안동 봉정사 극락전과 더불어 우리나라에서 가장 오래된 목조 건축물로서 그 가치를 인정받고 있다. 고(故) 최순우 선생은 무량수전을 두고 "멀찍이서 바라봐도 가까이서 쓰다듬어 봐도 의젓하고도 너그러운 자태이며 근시안적인 신경질이나 거드름이 없다."라고 표현했다.

하지만 그리 아쉽지만은 않다. 어차피 마음이라는 필름에 담은 이미지를 사진으로 오롯이 표현할 재주는 없으나 그 모습 그대로 눈으로, 마음으로 담아 두었으니 충분하다. 찾는 이의 발걸음이 뜸한 새벽녘의 부석사는 내가 마음속으로 그려왔던 부석사의 모습 그대로였다.

모든 나무가 잎을 떨구고 겨울 채비를 하고 있는데, 마지막 남은 단풍나무가 안개에 젖은 나뭇잎들을 흔들며 배웅을 해주는 듯하다. 이날의 부석사는 비와 안개에 젖었지만 이루 형언할 수 없는 고요함과 풍요로움에 젖어 부석사를 내려올 수 있었다. 속세에서의 삶도 이날처럼 촉촉이 젖을 수 있다면 참 좋을 텐데 말이다.

부석사를 둘러싸고 있는 주변의 풍광도 좋거니와 건축물 또한 아름다우니 꼭 관심 있게 챙겨보아야 한다. 절의 가장 높은 곳에 있는 무량수전은 아미타불을 모신 본전이다. 국보 제18호로 지정된 유서 깊은 건축물은 과거 우리나라에서 가장 오래된 목조건물로 손꼽혔지만, 이후의 연구 결과를 보면 안동 봉정사 극락전이 연대가 조금 앞서는 것으로 인정받고 있다.

무량수전은 비단 오래된 목조건물이라는 역사적 의미뿐만 아니라 미학적 가치도 빼놓을 수 없다. 전통문화를 발굴하고 연구하는데 한평생을 보냈던 혜곡 최순우 선생은 『무량수전 배흘림기둥에 기대서서』라는 책을 통해 무량수전의 아름다움이 널리 알려지는 데 공헌했다. 무량수전의 기둥들은 가운데가 가장 두껍고, 위아래로 갈수록 두께를 줄임으로써 곡선의 체감을 갖도록 했는데, 이를 '배흘림기둥'이라 부른다. 봉정사 극락전이나 수덕사 대웅전같이 오래된 목조건축에서도 그 흔적을 찾을 수 있는데, 학창시절에 엔타시스 양식으로 배웠던 기억이 난다.

깊어가는 가을날 노랗게 물든 은행나무와 자웅을 겨루듯 우뚝 서있는 당간지주의 모습이 당당하다. 당간지주는 당불화를 지탱하기 위해 당간의 좌우에 세우는 기둥을 말하는데, 사찰이라는 신성한 영역을 표시하기 위한 것으로 '솟대'와도 일맥상통한다.

무량수전 앞마당에서 장쾌한 산줄기를 바라보는 것이 부석사 제일의 풍경이라 치면, 파란 하늘과 산자락을 배경 삼아 돌계단을 따라 안양루와 무량수전이 비스듬히 이어지는 풍경 또한 빼놓을 수 없는 장관이라 할 만하다.

무량수전 안에는 국보 제45호인 소조아미타여래좌상이 모셔져 있다. 보통 불전의 정면에 불상이 있는데, 이곳은 특이하게도 불전의 서편에서 부처님이 동쪽을 바로 보고 있다. 무량수전의 규모가 크지 않다 보니 불상을 정면에 배치하면 사람들과의 거리가 너무 가까워지는 것을 염려해 왼편으로 치우진 곳에 둠으로써 공간감을 만들어내고, 불상 앞에 늘어선 기둥으로 인해 경건함과 장엄한 느낌을 주려 했다는 것이다.

이와 관련한 다른 견해도 존재한다. 부석사 무량수전에는 협시보살이나 다른 보살이 같이 모셔져 있지 않고 아미타불만이 독존으로 봉안되어 있다. 이는 다른 사찰의 금당에선 좀처럼 보기 힘든 것으로 무량수전이 과거 금당(金堂)이 아닌 강당(講堂)이었다는 증거라는 것이다. 최근에 부석사 경내에서 발견된 명문와(銘文瓦)에서 강당이란 이름이 나오고, 무량수전과 관련된 문헌에서도 이를 뒷받침할 만한 사료가 발견되고 있다는 것이 주장의 근거인데, 역사적 진실의 실체에 접근해간다는 의미에서 사뭇 흥미로운 대목이다.

안양루를 지나 무량수전 앞마당에 서면 오래된 습관처럼 석등 사이로 무량수전 편액을 살펴보곤 한다. 카메라 앵글 속 피사체로서도 충분히 매력적이다. 편액의 글씨는 중후하면서도 부드럽다. 1361년 홍건적의 난을 피해 영주로 내려온 고려 공민왕이 쓴 글씨라고 하니 무량수전을 바라보노라면 역사 속 인물이 현실에서 다시 살아나는 기분을 느끼게 된다.

문화재적 가치는 무량수전에 비해 높게 인정받지 못하겠지만, 더욱 더 다채롭고 풍성한 풍경을 보여준다는 측면에서 아마추어 사진가로서 안양루에 더 높은 점수를 주고 싶다. 안양루는 누각이되, 누문의 역할도 하고 있다. 안양루와 범종루 사이를 채우고 있는 넓은 마당에서 보면 안양루는 2층 누각인데, 무량수전 앞마당에서 보면 단층 짜리 전각처럼 보인다.

무량수전 앞마당에서 장쾌한 산줄기를 바라보는 것이 부석사 제일의 풍경이라 치면, 파란 하늘과 산자락을 배경 삼아 돌계단을 따라 안양루와 무량수전이 비스듬히 이어지는 풍경 또한 빼놓을 수 없는 장관이라 할 만하다. 안양문을 지나 만나게 되는 무량수전은 '극락'을 뜻함이니 안양문은 곧 극락에 이르는 문이라 여길 수 있겠다. 조선 후기 방랑 시인, 김삿갓으로 유명한 김병연이 안양루에서 바라보는 경치를 이곳에 시문으로 남겨 놓았다고 하니 찾아 읽어보는 것도 좋은 여행법일 것 같다.

平生未暇踏名區

평생에 여가 없어 이름난 곳 못 왔더니

白首今登安養樓

백수가 된 오늘에야 안양루에 올랐구나

江山似畵東南列

그림 같은 강산은 동남으로 벌려 있고

天地如萍日夜浮

천지는 부평 같아 밤낮으로 떠 있구나

風塵萬事忽忽馬

지나간 모든 일이 말 타고 달려온 듯

宇宙一身泛泛鳧

우주 간에 내 한 몸이 오리마냥 헤엄치네

장엄한 일출보다 오히려 큰 감동을 안겨주었던 부석사의 새벽 풍경. 비와 안개에 갇혀있던 산과 하늘이 잠시 제 모습을 내어주었다.

百年幾得看勝景

백 년 동안 몇 번이나 이런 경치 구경할까

歲月無情老丈夫

세월은 무정하다 나는 벌써 늙어 있네 - 김병연, 「浮石寺」

무량수전과 같이 이름난 건축물을 보며 아름다움을 예찬하는 것은 어렵지 않다. 그 앞에 서면 미학적 완성도뿐만 아니라 세월의 무게에 절로 압도당할 것이기에. 하지만 그러한 찬사와 감탄이 공허함으로 돌아오지 않으려면 그것을 완성시켰던 목수의 흔적까지도 찾아낼 수 있어야 한다는 한양대 건축학부 서현 교수의 따끔한 지적에 고개를 끄덕일 수밖에 없다.

그는 단언한다. 단 한 번도 역사에 이름을 남길 기회를 얻지 못했던 그들의 존재가 침묵의 건물을 통해 드러나지 않을 때, 우리 앞의 그것은 단지 나무토막의 조합에 불과하다고. 그때 되뇌는 아름다움은 가식적이고, 찬미는 공허하다고. 마음에 각인되지 않고 스치는 노정의 여행은 시간 낭비에 지나지 않는다고. 무량수전 앞마당에 우두커니 서서 오래되고 말 없는 건물 뒤에 드리워진 목수들의 그림자를 좇아본다.

범종(梵鐘) · 법고(法鼓) · 운판(雲板) 등과 함께 불전사물(佛殿四物)에 속하며 물고기는 언제나 눈을 뜨고 깨어있으므로 그 형체를 취하여 나무에 조각하고 침으로써 수행자의 잠을 쫓고 혼미를 경책하는 의미로 쓰인다고 한다.

건축 자체의 미학에도 까막눈인 내게 부담스러운 가르침이다. 하지만 짧은 순간 머무르며 쫓기듯 몇 장의 사진을 남기는 것보다는 훨씬 의미 있는 여정이 될 것만은 충분하기에 그 길을 좇아 가보려 한다. 지금까지와는 조금 다른 그런 여정이 되길. 수고스러운 발걸음이 시간 낭비에 그치지 않는 답사 여행이 되었으면 더할 나위 없이 좋겠다.

아주 오래전, 꽤 무더웠던 어느 여름날로 기억된다. 해 질 무렵에 부석사에 올랐던 적이 있다. 때마침 저녁 예불 시간에 맞춰 웅장하면서도 따뜻한 종소리가 산자락을 휘감아 돌았던 그때의 감흥은 지금도 잊히지 않는다. 사방은 조금씩 어두워지고, 그 어둠 속으로 번잡스럽던 마음도 서서히 사라지는 듯한, 묘한 느낌이었다.

절을 찾는 분에게는 아침이나 저녁 무렵에 절을 찾으시라고 권해드리곤 한다. 확실히 한낮의 번잡함 속에서 바라보던 절에서는 도저히 느낄 수 없는 마음의 평안을 얻을 수 있을 것이다. "백문이 불여일견"이라고 하지 않았던가. 입에 침이 마르도록 칭찬해도 지나치지 않는 곳, 부석사를 찾아가는 작은 수고를 더 이상 미루지 않았으면 한다. 분명 그 걸음은 느리되, 그 시선은 오래된 것에 대한 애정을 듬뿍 담은 것이어야 한다는 것도 잊지 않도록!

여덟 번째 여행지 구례

고요와 청순의 아름다움이 넘쳐흐르다, 화엄사

무릇 어떤 곳에 어울리는 때가 따로 있기는 하다. 장성 백양사는 아기단풍이 곱게 물드는 10월 무렵이 좋을 것이고, 영랑 생가나 백련사는 동백꽃이 두둑 떨어지는 4월이, 안면도의 꽃지 해변은 붉은 낙조가 타오르는 한여름이 좋을 거다. 특히나 누군가에게 내세울 만한 사진 한 장 남기고 싶은 사람들에겐 그 '때'를 잘 맞춰 가는 것이 중요한 일이다. 화엄사 역시 홍매화가 아름다움을 한껏 뽐내는 계절이 있기는 하다.

하지만 여행에 따로 때가 있지는 않은 것 같다. 떠나고 싶을 때, 떠나지 않으면 견딜 수 없을 것 같은 순간이 바로 그때다.

▌크고 웅장한 사찰에 들어서면 위압감을 느끼는 게 보통이지만 화엄사는 빛바랜 단청 그대로, 이끼 낀 돌탑 그대로의 모습에서 천년 고찰다운 세월의 무게와 더불어 정겨움을 느낄 수 있다. 누군가가 화엄사를 "고요와 청순(淸純)의 아름다움이 지리산 깊은 산 속에 맥맥히 넘쳐흐르는 느낌이다."라고 표현했다고 하는데, 정말 그 느낌 그대로다.

노고단으로 오르는 등산로가 있어 화엄사 입구는 늘 자동차와 사람의 물결이다. 사하촌은 활기가 넘친다. 그러던 것이 계곡을 따라 오르다 보면 속세의 소리는 이내 산사의 고요에 묻힌다. 성속의 경계가 이토록 뚜렷하다. 화엄사에 들어서자마자 보통의 절과는 다른 독특한 느낌을 받게 된다. 일주문에서 대웅전까지 일직선으로 연결되는 가람 배치를 하는 것이 일반적인데, 화엄사는 건물들이 조금씩 어긋나 있는 것이다. 그 독특한 구조로 인해 절의 깊숙한 중심으로 몰입되며 걸음을 옮기게 된다.

서로 비껴 서있는 일주문과 천왕문을 지나 대웅전에 당도하려면 보제루라는 누각을 거쳐야 한다. 보통의 절들은 이 누각 아래를 통과해서 대웅전에 다다르게 되는데, 이곳은 누각 1층의 기둥 높이를 낮게 만들어 놓은 탓에 통과할 수는 없고 옆으로 돌아가야 한다. 이 또한 화엄사가 다른 절집들과 구별되는 점이라 할 수 있겠다.

보제루를 돌아 나와 넓은 마당에 서면 정면으로는 화엄사의 본당인 대웅전을, 왼쪽 계단 위로는 각황전을 마주하게 된다. 두 불전 모두 높은 석축 위에 자리해 있는 데다 각황전은 밖에서 볼 때는 2층 형태의 건물이라 그 모습이 사뭇 당당하다. 그 주변으로 명부전, 영산전, 원통전, 나한전, 적조당 등의 전각이 에워싸고 있고, 석탑과 석등들이 여백을 채워준다.

화엄사의 본당 대웅전은 비운(悲運)의 건물이다. 외모도 출중하고 풍채도 적당한 편인데, 각황전에 비하면 왜소해 보이는 탓에 관심이 덜하다. 이 같은 약점을 보완하기 위해 각황전보다 큰 규모의 계단을 만들고, 석축 가까이에 건물을 놓이게 만들어 앞마당에서 바라봤을 때 좀 더 커 보이도록 세심한 배려를 했지만, '화엄사' 하면 각황전을 제일로 치는 사람들의 마음을 얻기에는 부족했던가 보다.

국보 제67호로 지정된 각황전은 바깥에서 볼 때는 2층 형태지만, 안에서 보면 단층 구조이다. 우리나라 목조건축물 가운데 규모로는 첫손가락으로 꼽힌다. 우선 그 규모에 놀라고, 빛바랜 채로 천년의 세월을 간직하고 있는 단청에 또 한 번 놀라게 된다. 수많은 사찰이 정비(整備), 복원(復原)의 이름으로 새 단장을 하는 모습을 많이 봤었는데, 이곳은 그냥 그 모습 그대로라서 좋았다.

'고요와 청순의 아름다움이 지리산 깊은 산속에 맥맥히 넘쳐 흐르는' 화엄사의 느낌을 제대로 느껴보고 싶다면 조금 부지런을 떨어야 한다. 종소리의 여운이 끊어질 듯 잦아들다 이어지는 새벽 시간이면 더할 나위 없이 좋겠다.

각황전 앞 넓은 마당은 국보 제12호인 석등이 오랜 세월을 주인처럼 지키고 서있다. 등불로 환히 빛날 화엄사의 밤 풍경을 기약해본다.

각황전 앞에는 그 위용에 어울릴만한 6미터가 넘는 거대한 석등이 서있는데, 국보 제12호로 지정되어 있다. 이 석등은 우리나라는 물론 세계에서도 제일 크다, 그 옛날 이 석등에 불이 켜져 있던 모습은 어땠을까 상상을 해보게 된다. 은은하게 새어 나온 불빛이 화엄사의 중심인 각황전을 환히 비춰주고 있었겠지? 화엄사의 밤 풍경이 새삼 궁금해진다.

각황전 옆으로 난 108개의 계단을 따로 올라가면 화엄사가 자랑하는 또 하나의 국보 문화재를 만날 수 있다. 국보 제35호인 화엄사 사사자삼층석탑이 바로 그것이다. 화엄사를 창건한 연기 조사가 어머니의 명복을 빌기 위해 세운 탑이라는 전설이 있다. 경주 불국사의 다보탑과 어깨를 나란히 한다고 한다. 동서남북 방향으로 사면에 세워진 네 마리의 사자 머리 위에 삼 층짜리 석탑을 올린 독특한 형태다.

이렇듯 국보 문화재의 노천 박물관과도 같은 화엄사가 소실될 뻔한 위기가 있었다고 한다. 한국전쟁이 한창이던 1951년 5월 빨치산 토벌

대장을 맡고 있던 차일혁 총경에게 구례 화엄사를 소각하라는 명령이 떨어졌다. 신록이 우거지게 되면 사찰이 빨치산의 본거지가 될 수 있다는 이유에서였다. 명령을 받은 그가 얼마나 곤혹스러웠을지 짐작이 가고도 남는다.

고민 끝에 차 총경은 "절을 태우는 데는 반나절이면 족하지만, 절을 세우는 데는 천 년도 부족하다."라며 각황전 등 전각의 문짝만 떼어내 소각하라는 지시를 내렸다고 한다. 그것만으로도 빨치산을 감시하는 데 충분하다는 판단에서였다. 이 일로 차 총경은 감봉 처분 등을 받았지만, 천년 고찰 화엄사를 지켜낸 공로를 기려 1998년 화엄사에서 공적비를 세운 데 이어, 2008년에는 문화재청에서 그의 아들에게 감사장을 전달했다고 한다.

화엄사만의 일이 아니었다. 해인사를 전투기로 폭격하라는 명령도 내려졌었다. 폭탄을 다른 곳에 떨어뜨린 덕분에 천년 고찰 해인사는 무사할 수 있었지만, 호남 일대의 고찰 대원사, 보림사, 송광사는 모두 전쟁의 참화 속에 잿더미가 됐다. 오대산 월정사 역시 21동의 당우와 문화재가 모두 사라지고 팔각구층석탑만 덩그러니 남았던 아픈 역사가 있다.

생각해 보면 참으로 아찔한 순간이 아닌가. 이데올로기의 대결 속에서 자칫 소중한 문화유산이 한 줌 재로 사라질 뻔했으니, 질곡의 우리 현대사를 다시금 생각해 보게 된다. 전시(戰時)에 상부의 추상같은 명령까지 어겨가며 화엄사를 지켜낸 차일혁 총경의 용기가 참으로 가상하게 느껴지는 대목이다. 치열했던 이념 대립이 많이 누그러졌다고는 하지만 지금도 곳곳에 도사리고 있는 것 같아 안타깝다.

각황전 옆자리에 홍매화가 붉은 자태를 뽐내고 있다. 어둠이 내리더라도 홍매화의 붉은 빛으로 화엄사를 환히 빛낼 것만 같다.

계단에 한참을 앉아 화엄사를 마음에 담아보았다. 이리도 웅장하면서도 아름답고 단아한 느낌이 드는 절이 또 있을까. 화엄사를 환히 밝혀주던 홍매화가 지고 없어도 아쉽지 않았다. 전쟁의 포화 속에서도 온전한 모습으로 제자리를 지켜주어 고맙다. 앞으로 또 많은 시간이 흘러도 고요하고 청순한 화엄사만의 아름다움을 간직해주길 바라는 마음이다.

화엄사에 온 김에 발품을 조금 더 팔아 구층암에 올라보는 것도 좋다. 대웅전 뒤편으로 난 작은 숲길을 오르면 구층암에 다다른다. 나무 향기에 취해, 새소리에 홀리듯 걸으면 금방이다. 이름을 봐서는 구층 석탑이 있을 법하지만, 지금은 앞마당에 삼층 석탑만이 외로이 서있다. 봉정사가 영산암이라는 보석을 숨겨두었듯, 구층암 또한 화엄사의 비보(秘寶)라 할 만하다.

흙으로 빚은 부처 천 분을 모시고 있는 천불보전도 볼만 하지만 구층암과 마주 보고 있는 선방의 기둥이 예사롭지 않다. 배흘림기둥과 같은 조형미를 논한 바는 아니다. 투박하고 못났다. 사람이 손을 대지 않은 채로 원래 모과나무 그대로 기둥을 삼았다. 살아서는 향기로운 열매를 맺었을 모과나무는 이 자리에 서서 영원을 기약한다. 구층탑은 세월에 허물어졌을지 몰라도 지리산의 넓은 품을 층층이 쌓아올린 불심은 이처럼 굳고 단단하리라.

선방에는 '다향사류(茶香四流)'라는 현판이 걸려 있다. 선방 가득 향기로운 기운이 스며있는 듯하다. 과거 스님들이 용맹정진(勇猛精進)하던 선방이 그윽한 차 향기로 충만한 다실(茶室)이 되었다. 구층암은 주변에 야생차 밭이 있는 덕분에 예로부터 스님들이 차를 덖어 마셨다고 한다. 운수 좋은 날이라면 주지 스님을 뵙고 차 한 잔 얻어 마시는 호사를 누릴 수도 있겠다.

아니라면 또 어떤가. 주인인 양 여유롭게 거닐어보아도 좋을 터. 모과나무 기둥에 기대보기도 하고, 부서지고 허물어진 돌탑을 어루만져 보기도 하자. 잠시 번잡한 마음을 내려놓고 자연의 소리에 귀 기울여 보자. 산사의 숲을 거닐며 탐욕과 번뇌를 비워내면 내면의 상처들이 맑은 생각과 향기로운 마음으로 말끔히 치유될 것만 같다.

구층암 선방은 사람이 손을 대지 않은 채로 원래 모과나무 그대로 기둥을 삼았다. 살아서는 향기로운 열매를 맺었을 모과나무는 이 자리에 서서 영원을 기약한다. 구층탑은 세월에 허물어졌을지 몰라도 지리산의 넓은 품을 층층이 쌓아 올린 불심은 이처럼 굳고 단단하리라.

무릇 어떤 곳에 어울리는 때가 따로 있기는 하다. 장성 백양사는 아기단풍이 곱게 물드는 10월 무렵이 좋을 것이고, 영랑 생가나 백련사는 동백꽃이 두둑 떨어지는 4월이, 안면도의 꽃지 해변은 붉은 낙조가 타오르는 한여름이 좋을 거다. 특히나 누군가에게 내세울 만한 사진 한 장 남기고 싶은 사람들에겐 그 '때'를 잘 맞춰 가는 것이 중요한 일이다. 화엄사 역시 홍매화가 아름다움을 한껏 뽐내는 계절이 있기는 하다.

하지만 여행에 따로 때가 있지는 않은 것 같다. 떠나고 싶을 때, 떠나지 않으면 견딜 수 없을 것 같은 순간이 바로 그때다. 여행 전문가들이 죽기 전에 꼭 봐야 한다며 추천하는 명소가 아니라도 괜찮다. 그곳이 어디든 지친 마음이 쉴 수 있고, 가라앉은 내가 다시 떠오를 수 있는, 잠깐의 위안과 감동이 있는 곳은 멀리에 있는 것이 아니니까.

화엄사의 산내 암자인 구층암은 남아있는 유물로 보아 통일신라 시대 말기에 창건된 것으로 추정하고 있다. 아미타여래불을 모시고 있는 천불보전 앞에는 단아한 석등과 배례석이 있으며 천불보전에 오르는 계단 양쪽에는 모과나무 두 그루가 있어 요사채의 기둥으로 쓰인 죽은 모과나무와 함께 공존하고 있다. 천불보전 앞의 석등은 등불을 밝혀두는 화사석(火舍石)을 중심으로 아래에는 세 받침돌로 구성된 받침을 두고, 위로는 지붕돌과 머리 장식을 얹었다.

여덟 번째 여행지 구례

이른 가을날 아침이면 맑은 향기 가득 하다네, 천은사

극락보전 앞에는 백일 동안 붉은 자태를 뽐내는 배롱나무꽃이 마지막 열정을 불태우고 있었다. 천은사에는 내가 좋아하는 향기가 있다. 그 맑고 은은한 향기가 내가 머물렀던 구석구석에 지금도 온전히 남아 있을 것임을 믿는다. 천은사에 가는 날, 나는 또 그 향기를 좇아 한참을 관음전(觀音殿) 뒤편에서 머물러 있게 될 것이다.

천은사에 갈 때면 항상 관음전 뒤편에 오래 머물곤 한다. 어디선가 스며나는 맑은 향기에 취해, 푸른 하늘에 떠다니는 흰 구름으로 그리운 얼굴 하나 그려보곤 한다.

▌인연이 닿았더라면 아마도 좀 더 일찍 천은사를 찾았을 것이다. 이제야 이리 좋은 곳을 알게 된 것이 아쉬울 정도다. 지리산의 넉넉한 품속에 안긴 듯 자리 잡고 있는 천은사는 규모가 크지는 않지만 있어야 할 것은 다 갖추고 있는 넉넉한 절이다. 지금껏 전해 내려오고 있는 구렁이 설화(說話)가 이 고찰의 오랜 역사를 더욱 돋보이게 해준다.

천은사는 조계종 제19교구 본사인 화엄사의 말사로 전남 구례군 광의면 지리산 서남쪽에 자리 잡고 있다. 화엄사, 쌍계사와 더불어 지리산 3대 사찰로 손꼽힌다. 신라 흥덕왕 3년에 인도의 덕운 스님이란 분이 중국을 통해 우리나라에 들어와 전국의 명산을 찾아다니다 이곳에 천은사를 창건한 것으로 전해지나 창건에 관한 정확한 기록은 남아있지 않다.

천은사와 관련하여 재미있는 설화가 전해 내려온다. 원래 절 이름이 '감로사'였는데 조선 숙종 5년인 1679년에 단유 선사가 이 절을 중수할 무렵에 절의 샘가에 큰 구렁이가 자주 나타나 사람들이 두려움에 떨었다고 한다. 이때 한 스님이 용기를 내 구렁이를 잡아 죽였는데, 이후 절의 샘에 물이 솟지 않았다고 한다.

이런 이유로 '샘이 숨은 절'이란 뜻의 '천은사'로 절 이름이 바뀌었는데, 문제는 절의 이름을 바꾸고 크게 중창했지만 화재가 나는 등 불상사가 자주 발생했다는 것이다. 사람들은 물의 기운을 관장하는 이무기를 잡아 죽인 탓이라고 수군거렸는데, 조선 시대 4대 명필 중 한 명으로 칭송받는 이광사가 이곳을 찾았다가 그 이야기를 전해 듣고는 마치 물이 흘러 떨어지는 것 같은 필체로 지리산 천은사란 현판을 써주고 일주문에 걸면 다시는 화재가 생기지 않을 것이라 했다.

사람들이 그대로 따라 했더니 신기하게도 이후에는 절에 불상사가 생기지 않았다고 한다. 지금도 이광사가 특이한 필체로 쓴 현판이 일주문에 붙어 있다. 그래서 천은사를 찾는 사람들은 일주문 앞에서 한참을 머물곤 한다. 오랜 역사와 더불어 구렁이 설화가 전해 내려오는 천은사가 더욱 신비롭게 느껴지는 이유다.

조선 시대 4대 명필 중 한 명으로 칭송받는 이광사가 이곳을 찾았다가 마치 물이 흘러 떨어지는 것 같은 필체로 지리산 천은사란 현판을 써주고 나서는 절에 불상사가 일어나지 않았다는 이야기가 전한다.

절의 느낌은 단아(端雅)하면서도 고풍스럽다. 화엄사 같은 크고 웅장한 느낌은 들지 않지만 깊다고 해야 하나, 하여튼 그런 느낌이 드는 절이라서 좋다. 극락보전과 팔상전을 지나 관음전에 오른다. 관음전 뒤편에 한참을 앉아 서늘한 가을바람을 즐기던 그 날의 느낌이 지금도 생생하다. 풀 냄새며, 시원한 숲 내음이 마음을 푸근하게 만들어 주었다.

아쉬움이 많이 남는다. 좀 더 오래 이곳에 머물러 있을 걸 그랬다. 그 평온한 시간, 무심히 흘러가는 흰 구름을 바라보고 있노라면 시간마저 멈춰버린 듯했다. 세상에서 가장 요염한 다람쥐가 이따금 그 고요함을 깨워주었던, 조금 이른 가을날의 천은사를 잊을 수 없다.

이후로도 천은사를 여러 번 찾았다. 무언가에 이끌리듯 발걸음이 옮겨진다. 홀로 걸으니 조금은 쓸쓸하다. 무심히 흐르는 세월만큼 나이를 먹었으나 기억은 더욱 또렷해진다. 앞날의 꿈을 떠올리기보단 옛 추억을 반추(反芻)하는 일이 잦아졌다. 가끔 이 길의 마지막은 어떤 모습일까 사뭇 궁금해지기도 한다.

극락보전은 서방정토 극락세계의 교주이자 중생들의 왕생극락을 인도하는 아미타부처님과 그 협시 보살들을 모신 법당이다. 사찰에 따라서 미타전, 아미타전, 무량수전, 수광전이라고도 한다.

누구나 나이 드는 것을 두려워한다. 특히나 여자들은 노화를 끔찍하게 여긴다. 안티에이징 효과가 있는 기능성 화장품은 필수다. 정도는 덜할지 몰라도 남자들 역시 희끗희끗 서리가 내리는 머리카락, 탄력을 잃어가는 피부, 깊게 패어가는 주름살을 마주 대하는 것이 싫고 두렵다. 남자나 여자나 나이 드는 나 자신을 보는 것은 서글픈 일이다.

하지만 어찌할 방도가 없다. 사람이 태어나 나이 들고 죽는 것은 지극히 당연하고 자연스럽다. 인생사의 법칙이다. 불멸의 삶을 갈구했던 진시황제도 결국 죽었다. 담담히 받아 들어야 한다. 더 나아가 내 인생의 마지막 결말이 좀 더 아름답고 고결한 것이 될 수 있도록 노력해야 한다. 사람이 태어나는 것이 해돋이라면 한 인생의 마지막은 일몰이라 할 수 있을까.

해가 뉘엿뉘엿 서산으로 넘어가기 직전 가장 강렬하고 화려한 빛을 내는 때가 바로 일몰의 순간이다. 그렇다고 해서 매일의 일몰이 아름답고 강렬한 것은 아니다. 공기가 깨끗해야 하고 하늘이 맑아야 하고, 그 밖에도 이것저것 많은 조건이 맞아떨어져야 비로소 아름다운 일몰을 맞을 수 있는 것이다.

어젯밤 비에 꽃이 피더니
오늘 아침 바람에 꽃이 지네
가련하다, 한 해의 봄날이여
오고 감이 비바람에 달렸구나
花開昨夜雨 花落今朝風 可憐一春事 往來風雨中

선조 때의 문장가 송한필의 오언시에 담긴 정서는 다분히 보편적이다. 덧없이 흘러가는 봄날의 정취에 대한 아쉬움은, 감정을 지닌 사람이면 누구나 공감할 수 있는 느낌이다. 그래서 금세 지고 나는 꽃을 보면서 사람들은 부질없는 인생사에 빗대며 상실감에 빠지기도 한다. 하지만 여기서 멈춰서는 안 될 것 같다.

가는 봄을 아쉬워하는 마음보단 바람에 피고 지는 꽃에 연연하지 말고, 비바람을 탓하지 않는 성숙함을 본받아야겠다. 고려 시대 문인인 이규보의 시에서 그 깊은 뜻을 배워봄이 어떨까. 꽃은 피고 지는 것이 제 태어난 숙명이요, 우리는 그저 자연의 섭리(攝理) 속에 피고 지는 꽃을 심고 가꾸고 지켜보는 즐거움을 누리면 그만일 것이다. 어차피 좋은 것 두고 떠나는 게 인생이니까.

꽃 심으면 안 필까 걱정하고
꽃 피면 또 질까 걱정하네
피고 짐이 모두 시름겨우니
꽃 심는 즐거움 알지 못해라
種花愁未發 花發又愁落 開落摠愁人 未識種花樂

수홍루는 일주문을 지나 사시사철 맑은 물이 흐르는 계곡에 놓인 무지개다리인 피안교 위에 지은 누각이다. 피안(彼岸)이란 온갖 번뇌에 휩싸여 생사윤회하는 고해(苦海)의 세상 건너편에 있는 극락을 뜻하는 말이다.

만엽 홍산의 계절에 지리산 자락도 울긋불긋 물들었다. 천은사는 사찰이라기보단 어느 고즈넉한 고택을 거니는 느낌이 든다.

극락보전 앞에는 백일 동안 붉은 자태를 뽐내는 배롱나무꽃이 마지막 열정을 불태우고 있었다. 천은사에는 내가 좋아하는 향기가 있다. 그 맑고 은은한 향기가 내가 머물렀던 구석구석에 지금도 온전히 남아있을 것을 믿는다. 천은사에 가는 날, 나는 또 그 향기를 좇아 한참을 관음전(觀音殿) 뒤편에서 머물러 있게 될 것이다.

얼마 전에는 이 절에서 많은 사람의 사랑을 받았던 드라마가 촬영됐다. 화려한 영상 속 눈에 익은 풍경들이 처음엔 얼마나 반가웠던지. 하염없이 서성였던 곳을 아기씨가 사뿐사뿐 거닐었을 테고, 무심히 지나는 바람 속에서 그리운 추억을 떠올렸던 곳에선 화승총의 화약 연기가 자욱하게 피어오르더라. 행여 사람들의 발걸음에 맑은 향기 이내 사라지진 않을까 조바심이 드는 건 그저 기우일 뿐이려나.

가을이 깊어가는 지리산 자락의 천은사 은행나무에도 노랗게 가을이 물들었다. 늘 그 자리에서 변함없이 맞아주니 반갑기 그지없다. 맑은 향기 가득한 천은사에 어울리는 정겨운 풍경이다.

아홉 번째 여행지 평창

깨달음과 치유의 천년 숲길, 오대산 선재길

간절히 돌아가고 싶은 하루의 추억이 문득 떠오른다. 몇 해 전 어느 초겨울이었다. 그해 들어 가장 추웠던 새벽에 무작정 오대산으로 떠났었다. 온몸이 얼어붙을 것만 같았던 매서운 추위 속, 어둠이 채 가시지도 않은 선재길을 걸었다. 마치 구름 위를 걷는 듯. 그 길의 끝에서 만났던 오대산 수달.

얼음장 같은 물속에서 자맥질하며, 저만의 유희에 빠져 인간의 침범에 전혀 개의치 않았다. 손만 뻗으면 닿을 듯 지척에서 수달을 만났던, 마치 꿈을 꾸는 듯했던 그때를 떠올릴 때마다 나 자신에게 물어보곤 한다. 천진난만했던 오대천 계곡의 아기 수달은 문수동자의 화신이 아니었을까.

어디론가 떠나야 하는 계절, 가을 느낌을 제대로 맛보기 위해 떠난 곳이 오대산이었다. 가을이면 웬만한 산들은 단풍을 즐기려는 사람들로 인산인해를 이루기 마련이다. '단풍' 하면 딱 떠오르는 곳이 내장산이나 설악산, 주왕산 정도였는데, 오대산 단풍이 이토록 화려하고 예쁜 줄 미처 알지 못했다. 그중에서도 오대산 선재길의 아름다움은 단연 으뜸이라고 말하지 않을 수 없다.

한마디로 그림이다. 파란 하늘에 두둥실 뭉게구름은 떠다니고, 맑디맑은 계곡물은 마음속까지 시원스레 자연의 소리를 들려준다. 점점 색을 더해가는 계곡 옆의 단풍 길은 보는 이의 마음에 큰 감동을 안겨 준다. 길을 걷는 이들의 입에서 저절로 탄성이 흘러나오게 할 만큼 매력적이다. '점입가경(漸入佳境)'이란 말이 바로 이런 풍경을 두고 하는 말일 것이다.

월정사에서 차량 두 대가 겨우 비껴갈 정도인 비포장도로를 따라 상원사 방향으로 가다 보면 그 옛날 오대천 계곡을 따라 월정사와 상원사를 오갔던 길을 복원한 오대산 선재길이 조성되어 있다. 1960년대 말 도로가 생기기 전에 스님과 신도들이 이용했던 이 길은 오대산 국립공원 관리사무소의 모든 직원이 동원돼 3개월에 걸쳐 복원했다고 한다.

우리나라 전나무숲 가운데 가장 아름답다는 월정사 전나무숲길에서부터 시작해 상원사까지 총 8.5km 길이로 왕복하는 데 2시간 30분 정도가 걸린다. '선재'라는 동자가 이 길을 걸으며 깨달음을 얻었다 해서 '선재길'이라는 이름이 붙었다. 길이 처음 복원되었을 때는 오대산 옛길로 부르기도 했었다. 계곡을 따라 평탄한 오솔길이 이어져 남녀노소 누구나 걷기에 부담이 없다.

오대산의 여러 봉우리에서 모여든 계류가 상원사를 거쳐 월정사에 이르면 비로소 하천의 모습을 갖춘다. 오염되지 않은 자연 그대로의 모습을 유지하고 있는 이 계곡을 따라 걷다보면 수달도 어렵지 않게 만날 수 있다.

예로부터 오대산은 문수보살이 머무는 성스러운 땅이라 했다. 1km 남짓한 전나무숲을 지나면 월정사가 부처님 품처럼 넉넉하게 중생들을 안아준다.

차량과 사람이 뒤엉켜 다니는 탐방로와 달리 이 오대산 선재길은 대부분이 푹신푹신한 흙길로 조성되어 있고, 군데군데 안내 해설판과 수목 표찰이 설치되어 있어 탐방객이 오대산의 역사 문화와 자연 생태에 대해 공부할 수 있게 배려하고 있다. 또한, 두 곳의 쉼터가 만들어져 있어 상쾌한 공기 속에서 산림욕을 즐길 수도 있다고 한다. 섶다리와 돌다리도 이 길의 명물이다. 길은 계곡을 따라 다리를 매개로 이어진다.

큼지막한 돌을 물길 군데군데 놓아 만든 징검다리, 큰 나무둥치에 판자들을 이어 만든 나무다리, 그리고 이제는 쉽게 볼 수 없는 섶다리까지 다양한 원시 형태의 다리가 있다. 지치면 잠시 다리에 앉아 쉬어가도 좋다. 끝없이 이어지는 계곡의 물소리, 이름 모를 산새 소리를 듣고 있노라면 번잡한 세상의 걱정거리를 금세 잊어버릴 수 있을 것만 같다. 길이 아닌 차를 타고 상원사까지 이동하는 사람들은 이런 멋진 호사(豪奢)를 결코 누릴 수 없다.

특히나 2010년에 복원된 섶다리는 젊은이들에겐 신기한 볼거리가 될 성싶다. 섶다리는 잘 썩지 않는 물푸레나무나 버드나무로 기둥을 세운다. 소나무나 참나무로 다리 상판을 만들고 섶을 엮어 깐 다음 그 위에 흙을 덮어 만든다. 섶다리는 주로 하폭이 넓지 않고, 수심이 깊지 않은 개울이나 작은 강에 만들어졌는데 여름에 큰물이 지면 쉽게 떠내려가 '이별 다리'라고 불리기도 했다. 어릴 적 시골에서는 흔히 볼 수 있는 풍경이었지만, 이마저도 지금은 특별한 추억거리가 되었다.

오대산 선재길은 사시사철 그 나름의 빛깔로 찾는 이들을 반겨줄 것이다. 봄이면 파릇파릇 생명이 움트는 모습을 보여줄 것이고, 여름이면 온통 우거진 녹음이 시원스러움을 전해주겠지. 흰 눈이 소복하게 쌓이는 겨울은 또 어떨까? 아무도 밟지 않은 눈길을 따라 걷는 느낌은 그 무엇과도 비교하기 어려운 즐거움이 될 것 같다.

그래서 그곳에 들어서면 번잡한 속세의 일상을 금세 잊어버릴 수 있고, 수많은 욕심과 집착에 사로잡혀 있던 나를 버리고 참다운 나를 만날 수가 있다. 숲을 느린 걸음으로 걷다 보면 부질없는 마음의 먼지들이 다 씻겨 나가 내 마음이 어느새 텅텅 비어 있는 듯한 청량감(淸凉感)을 맛볼 수가 있는 것이다.

한여름에도 전나무숲이 짙은 그늘을 만들어주어 전혀 더위를 느낄 수 없다. 전나무 숲길 바로 옆에 있는 오대천 상류 개울의 시원한 물소리도 한껏 정취를 더해준다.

오대산 선재길은 사실상 월정사 전나무숲이 그 시작이다. 월정사 전나무숲은 일주문에서 금강교에 이르는 1km 길 양쪽에 걸쳐 조성되어 있는데, 높이가 수십 미터에 달하고 평균 수령 80년 이상의 전나무 1,700여 그루가 장관을 이루고 있다. 한여름에도 전나무숲이 짙은 그늘을 만들어주어 전혀 더위를 느낄 수 없다. 전나무 숲길 바로 옆에 있는 오대천 상류 개울의 시원한 물소리도 한껏 정취를 더해준다.

숲길 안쪽에는 지난 2006년 태풍 때 쓰러졌다는 전나무 한그루가 있는데, 그 밑동은 어른 2명이 들어가고도 남을 만큼 거대한 면모를 자랑한다. 수령이 무려 500년이 넘는 나무였다고 하니 그날의 모진 비바람을 견뎌냈더라면 지금도 위풍당당한 모습을 사람들에게 보여줄 수 있었을 텐데 아쉬운 생각이 든다.

월정사 전나무숲이 만들어진 연유에 대한 재미있는 얘기가 있다. 원래는 이곳도 소나무숲이 울창했었다고 한다. 고려 말 무학 대사의 스승인 나옹 선사(懶翁禪師)가 부처에게 공양하고 있었는데 마침 소나무에 쌓여 있던 눈이 그릇으로 떨어졌다. 그때 어디선가 산신령이 나타나 공양을 망친 소나무를 꾸짖고, 대신 전나무 아홉 그루에게 절을 지키게 해 이후 천 년이 넘는 세월 동안 전나무숲이 월정사를 지키게 됐다는 것이다. 얘기를 듣고 나니 월정사 전나무숲이 더욱 신비스럽게 느껴진다.

숲길을 따라 걷다 보면 마치 풍경 속으로 걸어 들어가 내가 풍경 일부가 된 듯한 느낌이 들었다. 그때 그날의 시간 속에서 나는 그저 고요하고 평온했다. 내 마음에도 푸르고 풍성한 숲이 생겼으면 좋겠다. 그래서 그 숲 속에서 마음을 씻고, 마음을 열어 '나'를 내려놓을 수 있기를 간절히 소망해본다.

금강교에서 일주문을 금세 돌아 나왔다. 몇 번이고 걸어보고 싶은 욕심이 났지만, 더 늦기 전에 발걸음을 옮겨야 했다. 절 앞을 흐르는 개울의 물살이 힘차다. 쉼 없이 흐르는 물소리가 속세의 어지러운 소리를 차단해주는 듯하다. 마치 오대천을 경계로 속세와 피안이 나누어진 듯하다. 자연은 스스로 오염을 일으키지 않는 법. 차고 맑은 물속에만 산다는 열목어(熱目魚)가 이 속에서 유유히 헤엄치는 그림이 절로 그려진다.

월정사부터 오대산 선재길이 시작되었다면 그 끝은 상원사에서 그친다. 상원사는 오대산의 깊은 산자락에 자리를 잡고 있다. 그 지위는 많은 암자와 함께 월정사의 말사에 불과하지만, 규모도 꽤 클뿐더러 대중적으로도 널리 알려진 사찰이다. 창건 연대를 정확히 알 수 없으나 신라 시대 자장 율사가 세운 것으로 전해진다.

사찰이지만 따로 불상을 모시지 않은 절이 있다. '적멸보궁'이라 부르는데, 법당 앞에 사리탑을 두고 부처의 진신 사리를 모신다. 양산 통도사와 설악산 봉정암, 영월 사자산 법흥사, 태백산 정암사 그리고 이곳 오대산 상원사의 적멸보궁을 우리나라 5대 적멸보궁이라 부른다. 오대산 적멸보궁은 그중 해발고도가 가장 높은 곳에 있다.

상원사는 조선의 일곱 번째 임금인 세조와 인연이 깊다. 조카의 왕위를 찬탈한 업보를 지우지 못한 세조는 평소 몸에 난 종기로 무척 고생했다고 전해진다. 상원사에 머물던 어느 날 오대천의 맑은 물에서 목욕하던 중 지나던 동자승에게 등을 밀어 달라 부탁하며 "어디 가서 임금의 등을 밀었다고 하지 마라."라고 당부했더니 "어디 가서 문수보살을 직접 보았다고 하지 마라."라며 동자승이 사라졌다고 한다. 깜짝 놀란 세조가 화공을 시켜 동자승의 모습을 그리게 했는데, 그 모습을 조각한 것이 상원사의 문수동자상이다.

이뿐만이 아니다. 1년 뒤 세조가 다시 상원사를 찾았을 때, 고양이 한 마리가 나타나 세조의 옷자락을 물고 늘어져 들어가지 못하게 했다고 한다. 괴이한 행동에 전각을 뒤져 숨어 있던 자객을 찾아낸 덕분에 목숨을 보전할 수 있었다는 이야기다. 세조는 이에 대한 보답으로 고양이를 잘 기르라고 묘전(猫田)을 내렸다고 하는데, 문수전 아래 마당에 지금도 고양이 석상이 놓여 있다.

몇 해 전에 상원사 가는 길에 다람쥐를 만났던 적이 있다. 보통은 사람이 곁에 가면 도망치게 마련인데, 이 녀석은 가까이 카메라를 들여대도 익숙한 듯 요지부동이었다. 세조의 목숨을 지켜줬던 고양이처럼 내게도 무언가 암시를 주려던 것일까? 이유야 어찌 됐건 절에서 만나는 다람쥐는 늘 반갑다. 그리운 이가 산짐승의 모습으로 잠시 나를 보러 온 듯 여긴다. 조금만 더 머물다 가길 바랄 뿐이다.

또 하나, 상원사에는 현존하는 우리나라 종 가운데 가장 오래된 동종이 있다. 국보 제36호로 지정된 이 종은 조선 태종 때 불교 탄압을 피해 안동에 잠시 옮겨졌다가 예종 때인 1469년에 원래 있던 자리로

양산 통도사와 설악산 봉정암, 영월 사자산 법흥사, 태백산 정암사, 그리고 이곳 오대산 상원사의 적멸보궁을 우리나라 5대 적멸보궁이라 부른다. 오대산 적멸보궁은 그중 해발고도가 가장 높은 곳에 위치해있다.

돌아왔다고 한다. 아름다운 전나무숲길을 가진 월정사에서 시작된 선재길의 끝에도 이토록 많은 볼거리가 기다리고 있으니 이 길은 세상에서 가장 풍요로운 길이라 불러도 지나치지 않을 것 같다.

간절히 돌아가고 싶은 하루의 추억이 문득 떠오른다. 몇 해 전 어느 초겨울이었다. 그해 들어 가장 추웠던 새벽에 무작정 오대산으로 떠났었다. 온몸이 얼어붙을 것만 같았던 매서운 추위 속, 어둠이 채 가시지도 않은 선재길을 걸었다. 마치 구름 위를 걷는 듯. 그 길의 끝에서 만났던 오대산 수달.

얼음장 같은 물속에서 자맥질하며, 저만의 유희에 빠져 인간의 침범에 전혀 개의치 않았다. 손만 뻗으면 닿을 듯 지척에서 수달을 만났던, 마치 꿈을 꾸는 듯했던 그때를 떠올릴 때마다 자문(自問)하곤 한다. 천진난만했던 오대천 계곡의 아기 수달은 문수동자의 화신이 아니었을까.

오대산 선재길은 강원도의 청정한 물과 바람을 맘껏 누리며 행복한 삶, 지혜로운 인생살이에 대해 깊이 성찰할 수 있는 철학자의 길이다. 다정한 이와 함께여도 좋고, 혼자라도 상관없다. 문득 그치지 않는 상념이 나그네의 발길을 무겁게 잡아끌 때면, 맑고 시원한 오대천 계곡에 잠깐 발을 담가보자. 이 모든 것이 '천년의 숲길' 선재길이 우리에게 주는 고마운 선물이다.

월정사 8각 9층 석탑은 대적광전 앞에 우뚝 세워져 있는 월정사를 대표하는 상징의 하나다. 신라 시대가 주로 삼층 석탑의 시대였다면 고려 시대에 들어서면서 다양한 형태의 탑이 만들어졌는데, 이 탑은 다각 다층 석탑의 전형적인 모습을 보여주고 있다.

열 번째 여행지 논산

장(醬)이 익어가는 다각적 추론의 집, 명재고택

리은시사 옆의 넓은 공간을 가득 채우고 있는 장독대는 보는 것만으로도 마음이 풍요로워진다. 명재고택에 올 때면 너른 품을 지닌 오래된 느티나무를 손으로 매만지며 그 풍경을 한참 바라보곤 한다. 그 수많은 장독 안에서 맑은 물과 깨끗한 소금에 녹아들며, 따뜻한 햇볕을 받으며 명가(名家)의 가풍처럼 정갈하면서도 맛깔스러운 장들이 만들어지고 있을 테지.

▌건축가 함성호의 저서 『철학으로 읽는 옛집』 마지막 장에 당당히 명재 윤증 고택이 한 자리를 차지하고 있다. 책에 소개된 명재고택의 모습은 아주 매력적이었다. 따로 담장을 두지 않아 누구에게나 열려 있는 모습은 탈(脫)주자학적 가풍으로 조선 성리학의 거두로 불리던 우암 송시열에 맞섰던 집주인의 넉넉한 풍모를 빼닮았다.

명재고택을 찾았던 날은 마치 봄날 같았다. 계절은 아직 겨울의 끝자락에 있었지만, 한낮 햇볕의 따뜻했던 기운이 아직도 생생하게 남아있는 듯하다. 홀로 걷고 있어도 누군가가 옆에 함께 있는 듯한 느낌이 들었다. 따스한 햇볕을 받아 온기가 감도는 마루에 앉아 오래된 나무의 감촉을 손으로 매만지며 따뜻함을 만끽하던 찰나의 행복이 떠오른다. 그래서인지 명재고택을 떠올리면 따뜻한 봄의 느낌이 감싼다.

켜켜이 세월이 쌓인 오래된 집을 나무들이 에워싸고 있다. 사랑채 앞에는 병풍처럼 소나무를 심었다. 동쪽 언덕에는 느티나무 세 그루가 고택의 역사를 말없이 증언하고 있다. 집 앞 연못 둥근 동산에는 배롱나무 한 그루가 수문장처럼 서있고, 뒷산의 구부러진 노송은 집을 향해 가지를 펼치고 있다. 자연과 어울려 원래 그러했던 것처럼 편안한 풍경이다.

"독락당은 화려하고, 도산서당은 고졸하다. 암서재는 결기가 흐르고, 산천재는 결기에 차 있으면서도 소박하다. 그러나 가장 편안한 집이 어디냐고 묻는다면 나는 주저 없이 명재고택을 꼽을 것이다." 건축가 함성호의 이야기다. 명재고택의 구석구석을 느린 걸음으로 살펴보고 나면 쓸데없이 권위적이지 않고, 풍수를 따르되 지나침이 없다는

명재고택의 사랑채인 리은시사는 떠돌아다니다 때때로 숨어 쉬는 곳이라는 뜻도 지니고 있다고 한다. 대청에 걸려있는 허한고와(虛閑高臥, 하늘을 가리고 한가로이 눕는다.)의 뜻과 궤를 같이했던 윤증의 삶이 드러난다.

그의 설명에 고개를 끄덕이게 된다.

오래되고 말 없는 것들이 사람에게 건네는 그 따뜻함은 뭐라 설명할 방법이 없다. 마음을 표현하려 있는 말, 없는 말 다 끄집어내보는 사람들의 어리석음을 그들은 또 그렇게 말없이 타이르고 있는 것인지도 모르겠다. 아무 말 없이도 얘기할 수 있고, 교감할 수 있는 경지에 오르려면 또 얼마나 긴 세월이 필요할 것이며 마음공부가 필요할까.

함성호는 명재 윤증 고택을 '다각적 추론(推論)의 집'이라고 설명했다. 다분히 일반인들은 이해하기 어려운 철학적 사유가 담겨있다고 보았을 것이다. 자신의 스승이었던, 정확히 표현하자면 여러 스승 가운데 한 명이었던 노론(老論)의 거두 우암 송시열에 맞서 소론(少論)의 젊은 영수 역할을 맡아야 했던 윤증의 운명과 연관 지을 수밖에 없을 것 같다.

따사로운 봄 햇볕을 받아 온기가 감도는 쪽마루에 앉아 오래된 나무의 감촉을 손으로 매만지며 그 따뜻함을 만끽하던 찰나의 행복이 떠오른다. 오래되고 말 없는 것들이 사람에게 건네는 위로는 뭐라 설명할 방법이 없다.

'사문난적(斯文亂賊)'이라는 이름으로 성리학 외에는 그 어떤 것도 허용치 않았던 편협함과 그것을 거스를 경우 죽음까지 감수해야 했던 시대의 잔인함을 다시금 끄집어내야 하는 것은 불편한 일이다. 그 어떤 말로 변명한다 하더라도 분명 노론 300년은 정치적, 학문적으로 조선 시대 후반을 암흑기로 내몰았음을 부인하기 어렵다.

"생각이 다르면 쓰지 않으면 그뿐이지, 어찌 조정에서 사람을 죽이는가?" 평생을 초야에 묻혀 학문에만 전념하다 겨우 몇 년의 짧은 벼슬살이 끝에 윤휴가 사약을 받으며 마지막으로 남겼다는 질문에 대한 대답을 우암에게서 듣고 싶다. 윤증 역시 윤휴의 죽음을 보며 스승 송시열의 주자학적 종본주의(宗本主義)에 염증을 느꼈을 것이고 새로운 사상을 꽃피울 수 있는 세상을 염원했을 것이다.

명재 윤증의 삶이 그러했듯 그가 잠시 거처했던 공간 역시 주인을 닮았다. 담장을 두르지 않아 경계가 없다. 덕분에 명재고택의 공간은 자연스레 외연이 확장된다. 사랑채 마루에 걸터앉으면 집 앞의 연지 너머 넓은 들에까지 펼쳐진 풍경이 시원스럽다. 누구에게나 마음을 열어두고 있는 집주인의 마음씨가 고스란히 드러나는 것 같아 마음이 따뜻해진다.

권위의 상징인 솟을대문도 없다. 사대부 집은 출입문의 지붕을 양옆의 행랑채보다 높게 올림으로써 높은 신분을 드러냈다. 그 옛날 한 시대를 풍미했던 집안의 고택들을 보면 하나같이 솟을대문이 우뚝하니 솟아있어 초입에서부터 사뭇 위압적인데, 이곳은 딱딱한 격식과 규율보다는 편안함이 느껴져서 좋다.

담장을 두르지 않아 경계가 없다. 덕분에 명재고택의 공간은 자연스레 외연이 확장된다. 누구에게나 마음을 열어두고 있는 집주인의 마음씨가 고스란히 드러나는 것 같아 마음이 따뜻해진다.

나는 감히 집에서 풍수를 논할 수도 없거니와 그 속에 담긴 성리학적 사유를 이해할 수도 없다. 하지만 명재고택의 사랑채인 리은시사(離隱時舍)에서는 사대부의 당당한 기품과 더불어 따뜻한 온기가 느껴진다. 자기 생각과 같지 않아도, 한 시대의 지배적 이데올로기를 부정하는 새로운 패러다임 또한 겸허히 받아들일 수 있는 넉넉한 포용의 시대정신이 구체화되는 공간으로 다가온다. '리은시사'라는 말은 '용이 세상에 나올 때는 그냥 나오는 것이 아니라 때를 기다려 나옴'을 말한다고 한다. 보통 사랑채들이 재(齋)나 당(堂)이라는 이름을 쓰는 데 반해 특이하게도 사(舍)라는 당호를 썼다.

사랑채의 멋스러움과 품격이 이럴진대 안채는 어떨까. 한옥의 안채는 남에게 내보이기 위한 것이 아니라 집주인이 편히 지내기 위한 공간이다. 그래서 한옥의 진정한 아름다움을 느끼기 위해서는 건물의 안에서 밖을 바라보아야 한다고들 한다. 아쉽게도 명재고택의 안채는 닫혀있다. 외람되게 대문을 두드려볼 용기가 나지 않아 발걸음을 돌려야 했다.

흔히 명재고택이라 부르지만, 엄밀히 따지자면 윤증은 이 집에 살지 않았다. 오히려 윤증의 아버지인 윤선거의 호를 딴 노서종택(魯西宗宅)이라 부르는 것이 더 정확할 수 있겠다. 이 집은 윤증의 둘째 아들인 윤충교가 집안의 장손이자 형님인 윤행교를 위해 1709년에 지었는데, 말년에 자식들의 청을 거절하지 못해 잠시 머물었던 것으로 전해진다.

정작 윤증은 이 집에서 4km 정도 떨어진 유봉의 소박한 초가삼간에서 지내며 보리밥에 소금, 고춧가루만으로 거친 식사를 했다고 한다. 불의와 타협하지 않고 학문에 정진하며 칼과 방울을 차고 살았던 남명 조식의 추상같은 모습과도 닮았다. 평생 벼슬길에 오르지 않고도 큰 명성과 향촌의 지지를 얻을 수 있었던 것은 이토록 자신에게 엄격했던 처사로서의 삶에 기인했을 것이다.

리은시사 옆의 넓은 공간을 가득 채우고 있는 장독대는 보는 것만으로도 마음이 풍요로워진다. 그 수많은 장독 안에서 맑은 물과 깨끗한 소금에 녹아들며, 따뜻한 햇살을 받으며 명가(名家)의 가풍처럼 정갈하면서도 맛깔스러운 장들이 만들어지고 있을 테지.

명재고택을 얘기하면서 빼놓아서는 안 될 것이 있다. 그것은 흔히 '노블레스 오블리주'라 하는 지식인, 가진 자의 도덕적 책무를 소홀히 하지 않았다는 것이다. 윤증 집안은 흉년이 들면 마을에 공사를 일으켜 그 노임으로 쌀을 지급했고, 추수 때면 나락을 길가에 두고 배고픈 마을 사람이 가져가도록 했다 한다. 그런 가풍이 있었기에 이후의 격동기에도 이 집안에는 아무런 피해가 없었다. 뿌린 만큼 거둔다고 하지 않던가.

리은시사 옆의 넓은 공간을 가득 채우고 있는 장독대는 보는 것만으로도 마음이 풍요로워진다. 명재고택에 올 때면 너른 품을 지닌 오래된 느티나무를 손으로 매만지며 그 풍경을 한참 바라보곤 한다. 그 수많은 장독 안에서 맑은 물과 깨끗한 소금에 녹아들며, 따뜻한 햇볕을 받으며 명가(名家)의 가풍처럼 정갈하면서도 맛깔스러운 장들이 만들어지고 있을 테지.

윤증은 많은 관직에 제수되었지만 평생 벼슬길에 나가지 않았고, 소론의 수장으로 불리며 조선유학사에서 예학을 정립한 대학자로 평가받는 인물이지만 사실 이 고풍스러운 기와집에 살았던 적이 없다.

열한 번째 여행지 전주

전통과 현대의 아름다운 공존, 한옥마을

도시의 화려한 풍경은 허상일지도 모른다. 감춰지고 가려진 길이 그 너머에 있다. 보일 듯 말 듯 가물거리는 안갯속에 쌓인 길, 잡힐 듯 말 듯 멀어져가는 무지개와 같은 그 길이. 그래서 전주 한옥마을의 진면목을 제대로 살피려면 화려함에 홀려서는 아니 될 것 같다. 인파가 썰물처럼 빠져나간 한적한 뒷골목을 외로이 걸어보자. 주목받지 못해 쓸쓸하기까지 한 변두리 동네를 기웃거려도 좋겠다. 자욱한 안개가 걷히고, 일곱 빛깔 무지개가 선명해지는 시공(時空) 속에서 오래된 도시의 진경(眞景)을 마주하게 되리라.

▌도시마다 느껴지는 독특한 이미지가 있다. 전주는 소박하면서도 기품이 느껴진다. 도시 곳곳에 전통의 아름다움을 많이 간직하고 있는 곳이기도 하다. 그것뿐인가. 한식의 대표 브랜드가 된 비빔밥을 포함한 먹을거리도 전주가 내세울 만한 자랑이다. 하지만 역시 전주의 상징은 칠백여 채의 한옥이 원형을 고스란히 보존하고 있는 우리나라 최대의 한옥마을이라 할 수 있겠다.

전주 한옥마을은 우리 근대사의 아픈 역사의 한 단면이다. 한일 합방 이후 전주에도 많은 일본인이 유입되었는데, 1910년대 전주 성곽이 허물어지면서 이들이 성안으로까지 진출하기 시작했다. 일본인들의 세력 확장은 필연적으로 조선인들의 반발을 불러왔고, 1930년대에 들어서 전주 중심가인 교동과 풍남동 일대에 한옥촌이 형성되기 시작해 오늘에 이르고 있다.

조선왕조의 뿌리와도 같은 전주에 조선을 건국한 태조 이성계의 어진을 모셔놓은 것은 당연한 일이다. 상징성에 비해 규모가 크지 않아 의아스러웠었는데 일본강점기에 일본인 소학교를 짓느라 경기전의 절반 정도가 훼손되었다고 한다.

이 한옥마을의 상징과 같은 곳이 바로 경기전이다. 경기전은 전북 전주시 완산구 풍남동에 있는 조선 시대의 전각으로, 사적 제339호로 지정되어 있다. 태종 11년에 전주, 경주, 평양에 조선왕조의 시조인 태조 이성계의 어진을 모시고 제사를 지내기 위한 전각을 세웠었는데, 원래 이름은 '어용전'이었다고 한다.

이후 세종 때 전주 이씨의 본관인 전주를 왕조의 발상지라 여겨 이곳에 세워진 전각의 이름을 경기전(慶基殿)으로 부르기 시작했으며, 이후 정유재란 때 불탔던 것을 광해군 때 중건한 것으로 전해진다. 정면에 서면 진입을 금하는 신도(神道) 표시가 있고, 정전을 따라 조선 시대 여러 왕의 어진이 모셔져 있다. 국사책에서만 보아오던 태조 이성계, 태종, 세종, 정조에 이르기까지 조선 시대의 이름난 제왕들의 모습을 볼 수 있다.

경기전을 찾았던 날은 찬바람이 옷깃을 여미게 하는 날씨였다. 게다가 며칠 전에 눈이 내려서 인지 바닥이 너무 질어 걸어 다니기 쉽지 않았다. 한기(寒氣) 때문인지 사람의 체온이 더 그리워지는 날이었다. 그래서인지 툇마루에 옹기종기 모여앉아 따뜻한 햇볕을 쬐고 계시던 어르신들의 모습이 정겨운 느낌으로 지금도 남아있다.

기대와 다른 모습에 실망이 컸었지만 지금도 기억에 남아있는 인상적인 풍경이 있다면 바로 경기전에서 바라본 전동성당의 모습이다. 우리나라 전통의 한옥마을과 어울리지 않을 것 같은 서양식 건물인 전동성당이 이처럼 절묘하게 조화를 이루리라고는 생각하지 못했었다. 부드러운 한옥의 곡선과 하늘을 향해 우뚝 솟아오른 직선이 대조를 이루면서도 또 한편으로 서로의 모습에 잘 녹아들어 있었다. 참으로 아름다운 풍경이었다.

전동성당이 지금처럼 유명해지게 된 건 순전히 영화 한 편의 힘일 것이다. 물론 그전에도 이곳은 지역 주민들에겐 충분히 자랑스러운 곳이었음은 틀림없겠지만. 『편지』라는 영화였던가? 조폭 두목 박신양과 가녀린 여의사 전도연이 둘만의 결혼식을 올렸던 배경이 바로 이곳 전동성당이다.

전동성당은 우리나라에서 가장 아름다운 성당 중 하나로 꼽히며 로마네스크 양식의 웅장함을 보여준다. 호남 지역의 서양식 근대 건축물로는 가장 오래된 것으로 성당이 세워진 자리는 원래 전라 감영이 있던 자리로 우리나라 천주교 첫 순교자가 나온 역사의 현장이기도 하다.

일반인들에겐 영화 촬영지로 알려졌지만, 천주교도들에게 이곳은 아픈 역사가 있는 곳이기도 하다. 한국 교회 최초의 선교자로 알려진 윤지충을 비롯한 호남 지역의 많은 천주교 신자가 참수당한 곳이라는 사실을 알고 나니 카메라 셔터를 누르던 마음이 한결 경건해진다.

일제 강점기인 1908년에 공사가 착공되어 1914년에 외관 공사가, 1931년에 비로소 성당이 완공되었다. 당연히 전주시에 있는 성당 가운데 가장 오래된 건물이고, 호남 지역에 최초로 세워진 로마네스크 양식의 건물이다. 뭔지 알 수 없는 매력에 이끌려 성당 문을 열고 내부에까지 들어가 보게 되었다.

절이든 성당이든 그냥 멀찍이 밖에서만 맴돌다 돌아가는 게 보통이었는데, 이곳은 좀 달랐다. 성당이란 곳을 들어가본 건 그때가 처음이었다. 영화나 드라마에서 보아오던 모습과 크게 다르지는 않았지만, 마음으로 느껴지는 건 확실히 차이가 있었다. 너무 유명해져서일까? 종교 자체의 경건함보다는 관광지와 같은 가벼움이 느껴져 조금 아쉬웠지만, 전동성당의 아름다움을 친견한 자체만으로도 충분히 만족스러웠다.

전주 한옥마을에서 경기전을 거쳐 전동성당에 이르렀다면 빼놓지 말고 들러야 할 곳이 바로 풍남문이다. 전동성당에서 엎어지면 코 닿을 만큼 지척인 전주시 완산구 전동 2가에 있다. 풍남문은 조선 시대 관찰사가 머물던 전주 읍성의 남쪽 문이다. 예전에 전주 고을을 둘러싸던 사대문은 다 허물어져 지금은 남쪽 문이던 풍남문만 남아있다.

풍남문은 원래 정유재란 중이던 선조 30년에 파괴되었던 것을 영조 10년에 성곽과 성문을 다시 지어 명견루라 불렀다. 이후 영조 43년에 다시 불타 허물어진 것을 관찰사 홍낙인이 다음 해에 다시 지으면서

태종 때 처음 이곳에 봉안한 조선 시대 군왕들의 어진은 임진왜란과 병자호란 등 잇따른 전란을 피해 아산과 묘향산, 적상산 등을 떠돌아다녀야 했고, 동학혁명이 일어났을 때는 위봉산성으로 옮겨 겨우 화를 면할 수 있었다고 한다.

'풍남문'이란 이름을 붙였다. 풍남문은 1963년 1월에 보물 제308호로 지정받아 관리되고 있는데 풍남문을 중심으로 로터리가 형성되어 있고 그 주변으로 상가가 밀집되어 있다.

이 성문을 자세히 보면 1층 건물 너비에 비해 2층 너비가 갑자기 좁아 보인다. 이것은 1층 안쪽에 있는 기둥을 그대로 2층까지 올려 모서리 기둥으로 사용하였기 때문이라 한다. 이 같은 건축기법은 국내 성곽 건축에서는 흔히 보기 어려운 형태로 조선 후기 건축 연구에 중요한 자료로 인정받고 있다.

예전에는 전주 읍성에 동, 서, 남, 북으로 네 개의 문이 있었는데 모두 사라져 지금은 그저 옛 모습을 미루어 짐작할 수밖에 없다. 순종 때는 도시 정비를 한다는 명목으로 그나마 남아있던 성곽과 성문까지 모두 허물었다고 하니, 지금 생각하면 참으로 아쉬운 노릇이다. 사람도, 사물도 우리 곁에 있을 때는 소중함을 알지 못하는 법인가 보다.

앞서 얘기한 경기전, 전동성당, 풍남문은 모두 전주의 랜드마크라 부를 만하다. 전주를 찾는 사람들이면 누구나 한 번쯤 들르는 곳이다. 언제나 인파로 붐빈다. 젊음의 역동성이 흘러넘친다. 재미난 사람 구경도 오래 하면 지치는 법. 이럴 때 차 한잔하며 편히 쉬기 좋은 곳이 있다. 교동다원이란 찻집으로 발걸음을 옮긴다.

전주 한복판에 있으되, 안으로 들어서면 바깥 풍경, 세상의 소리와 완벽히 단절되는 신비한 경험을 하게 된다. 고향 집처럼 편안하다. 다원의 방들은 마당을 향한다. 크지는 않지만 깊다. 오래된 한옥에 앉아 담백한 황차를 우려 마신다. 두런두런 이야기를 나누다 마루에 몸을 뉘어본다. 처마에서 떨어지는 빗소리를 들으며 노곤한 낮잠에 취했던 유년 시절의 추억이 떠오른다.

전주는 조선을 건국한 태조 이성계의 관향(貫鄕)이다. 지난날 전주를 유방의 고향 풍패에 빗대어 흔히 '풍패향'(豐沛鄕), '풍패지향'(豐沛之鄕)이라고 부르기도 했는데 풍남문(豐南門)이란 이름에는 풍패향 전주의 남문이라는 뜻이 담겨있다.

이곳에서의 시간은 유독 느리게 흐른다. 한없이 여유롭다. 머물러 있고 싶은 만큼 있다가 자리를 내주면 된다. 재촉하는 이도, 오래 앉아 있다고 타박하는 이도 없다. 찻집의 다정함은 친절한 주인을 닮았나 보다. 교동다원의 주인장은 20년 가까이나 이 자리를 지켰다고 한다. 앞으로도 늘 지금처럼 머물러주길 바라는 마음은 큰 욕심일까?

차 한 잔으로 한숨 돌렸다면 오목대에도 한 번 올라보자. 오목대는 경기전에서 500미터 정도 떨어진 작은 언덕에 있다. 고려 우왕 때 이

성계가 남원의 황산을 침범한 왜구를 물리치고 돌아가다가 자신의 고조부가 살았던 이곳에서 승전을 자축하는 잔치를 벌였는데, 후에 조선왕조를 창업하고 정자를 지었다. 오동나무가 많이 오목대라 이름이 붙었다고 한다.

나무 계단을 쉬엄쉬엄 오르면 나지막한 언덕에 당도한다. 평평한 언덕 위에는 단아하게 잘생긴 오목대가 자신의 품을 내준다. 오목대에 서면 한옥마을의 전경이 손에 잡힐 듯 눈앞에 펼쳐진다. 오목대란 이름에 어울리지 않게 배롱나무꽃이 절경이다. 다소 번잡한 한옥마을을 조금만 벗어나면 이처럼 화려한 꽃 잔치를 만끽할 수도 있다. 묵직한 흑백의 중후함과는 또 다른 느낌이다. 다양한 스펙트럼을 지닌 전주답다.

한옥마을은 한복을 곱게 차려입은 젊은이들로 활기가 넘쳐난다. 이름난 관광지가 가까이 모여 있어 함께 둘러보기에 부담이 없다. 지난 2000년부터 시작된 전주 국제영화제는 대안·독립영화를 주로 다루며 비중 있는 축제로 자리를 잡았다. 비빔밥, 콩나물국밥, 모주와 같은 전통 음식은 물론 새롭게 개발된 메뉴들도 관광객들의 입맛을 돋운다.

볼거리 많고 먹을 것이 넘쳐나면 자연스레 사람들이 모여들게 마련이다. 전주 한옥마을은 꼭 한번 가봐야 하는 필수 관광코스가 됐다. 조선왕조의 발상지라는 영광스러운 과거의 기억을 간직한 전주는 도시 브랜드의 가치를 높여나가고 있다. 전통과 현대가 공존하는 매력적인 도시로 각광을 받고 있지만, 부작용 또한 만만찮다. 한옥마을이 역주행하고 있다는 쓴소리에도 귀 기울여 봄 직하다. 머물러 있지 않되, 본성과 품격을 지키는 것 또한 중요한 일이다.

도시의 화려한 풍경은 허상일지도 모른다. 감춰지고 가려진 길이 그 너머에 있다. 보일 듯 말 듯 가물거리는 안갯속에 쌓인 길, 잡힐 듯 말 듯 멀어져가는 무지개와 같은 그 길이. 그래서 전주 한옥마을의 진면목을 제대로 살피려면 화려함에 홀려서는 아니 될 것 같다. 인파가 썰물처럼 빠져나간 한적한 뒷골목을 외로이 걸어보자. 주목받지 못해 쓸쓸하기까지 한 변두리 동네를 기웃거려도 좋겠다. 자욱한 안개가 걷히고, 일곱 빛깔 무지개가 선명해지는 시공(時空) 속에서 오래된 도시의 진경(眞景)을 마주하게 되리라.

경기전 너머 전동성당의 첨탑이 뾰족하게 모습을 드러낸다. 부드러운 한옥의 곡선과 하늘을 향해 우뚝 솟아오른 직선이 대조를 이루면서도 또 한편으로 서로의 모습에 잘 녹아들어 있었다. 참으로 아름다운 풍경이었다.

열두 번째 여행지 울진

바람이 되어, 물이 되어, 부처님의 마음이 되어, 불영사

맑은 물이 흐르는 계곡에 단풍도 곱게 물들어가고 있다. 졸졸졸 흐르는 물소리에 가끔 지저귀는 새소리까지…. 그저 이런 풍경들을 나 혼자만 누리고 있다는 것이 미안하다. 사랑하는 사람과 함께 다정한 얘기들을 나누며 함께 이 길을 걸어보는 건 어떨까? 불가에서는 모든 이에게 부처님의 모습이 있다고 했다. 너무 멀리서 피안(彼岸)을 찾을 것이 아니라 바로 내가 지금 살고 있는 곳, 곁에 있는 사람에게서 부처의 모습을 찾아보는 것도 좋겠다.

▮ '불영사'는 이름 그대로 '부처님의 그림자가 비치는 절'이라는 뜻이다. 절 서쪽에 부처의 형상을 한 바위가 있어 그 그림자가 항상 연못에 비치므로 그렇게 불렸다고 한다. 부처님의 형상이 비친다는 불영사에 아름다운 단풍이 내려앉았다. 이처럼 아름다운 불영계곡에 있다는 것만으로도 큰 복이리라. 복잡다단(複雜多端)한 세상사를 잠시 잊고 나를 뒤 돌아보게 해주는 곳. 나는 불영사에 올 때마다 매번 좋은 기운을 받곤 한다.

맑은 물이 흐르는 계곡에 단풍도 곱게 물들어가고 있다. 졸졸졸 흐르는 물소리에 가끔 지저귀는 새소리까지…. 그저 이런 풍경들을 나 혼자만 누리고 있다는 것이 미안하다. 사랑하는 사람과 함께 다정한 얘기들을 나누며 함께 이 길을 걸어보는 건 어떨까? 불가에서는 모든 이에게 부처님의 모습이 있다고 했다. 너무 멀리서 피안(彼岸)을 찾을 것이 아니라 바로 내가 지금 살고 있는 곳, 곁에 있는 사람에게서 부처의 모습을 찾아보는 것도 좋겠다.

불영사로 발길을 이끌었던 두 가지 좋은 기억이 있다. 하나는 어느 신문에 실렸던 불영사 계곡의 가을 단풍 사진이다. 단풍은 말 그대로 온 산이 불타는 듯한 착각마저 들 정도로 화려하고 강렬한 색채를 뽐내고 있었다. 불원천리 먼 길을 마다치 않고 한걸음에 달려가고 싶은 욕구가 넘쳐날 만큼 인상적이었다. 지금도 불영사를 떠올리면 절로 단풍이 연상되곤 한다.

영화 『가을로』에도 불영사가 나온다. 영화 속에서 불영사를 맛깔나게 소개해 주던 스님 덕분에 호감이 더 커졌을지도 모른다. 성속의 구분 자체를 벗어났기에 권위를 떨쳐버릴 수 있고, 누구나 쉽게 다가설 수 있는 넉넉한 품을 지닐 수 있는 것이 아닐까 생각해본다. 세속보다

불영사에서 아직 부처님의 그림자를 친견하진 못했지만, 천축산 자락 아래 단아하게 자리 잡고 있는 불영사를 만나는 순간은 언제나 행복하다. 바람이 먹구름을 걷어내듯 부처님의 마음으로 우리의 삿된 마음도 걷어낼 수 있으면 좋겠다.

더 혼탁한 일부 종교인들이 반면교사(反面教師)로 삼았으면 좋으련만.

어느 해 가을 우연히 불영사를 찾았을 때는 점심 공양으로 국수를 대접받은 적도 있었다. 시간이 지나 그 맛은 잘 기억나질 않지만, 불가의 넉넉한 인심을 처음 느껴보았던지라 불영사를 갈 때면 혹시나 하는 기대를 해보곤 한다.

불영사는 경북 울진군 서면 하원리에 있는데 「천축산불영사기」라는 기록에 따르면 신라 진덕여왕 재위 다섯 해째인 651년에 의상 대사가 창건했다고 한다. 의상 대사가 동해로 향하던 중 계곡에 오색의 상서로운 기운이 서려 있는 것을 보고 가보니 연못 안에 아홉 마리의 용이 있었다. 스님이 도술을 써 가랑잎에 불 화(火) 자를 써서 연못에 던지니 물이 끓어올라 용이 견디지 못하고 도망을 쳤는데, 그 자리에 절을 지었다는 이야기가 전한다.

후에 의상 대사가 다시 불영사를 찾았을 때 한 노인이 “부처님이 돌아오시는구나."라고 했다고 해서 '불귀사(佛歸寺)'라고도 불렸다고 전해지고 있다. 절이 놓인 주변의 산세가 인도 천축산과 비슷하다 하여 '천축산(天竺山)'이라 불린다. 천축산 불영사의 유래는 이렇듯 신비롭다.

천년 고찰이란 명성에도 불구하고 19세기 들어 불영사는 쇠락을 거듭하다 마침내 일운 스님이 1991년에 오면서 일대 전기를 맞게 되었다고 한다. 일주문을 새로 짓고 대웅전을 중수하면서 대웅보전과 후불탱화가 문화재로 지정되었고, 이후 20여 년 동안 수많은 중창 불사를 계속한 끝에 지금은 동해안 일대에서 가장 큰 규모의 비구니 참선 도량으로 자리매김했다. 그 불심과 노력이 대단하게 느껴지면서도, 한편으론 산중에 조그마한 절집으로 머물렀을 백 년 전 불영사의

일주문을 지나 불영사에 이르는 호젓한 산길은 언제 걸어도 좋다. 다정한 이와 두런두런 얘기 나누며 걷기에 더할 나위 없겠다. 아름다운 풍경마저 지겨워질 때쯤이면 이곳에 서서 늘 푸른 소나무숲과 세차게 흐르는 물소리에 번다한 마음을 내려놓는 걸 어떨까.

모습이 궁금해지기도 한다. 길은 지금보다 좁았을 것이고, 허물어질 듯 위태로운 건물 몇 채만이 큰 여백을 채우고 있었으리라.

연못이 있어 불영사의 풍경은 더욱 풍성해진다. 여름이면 연못에 노랑어리연꽃이 가득 피어나 절집을 밝혀준다. 극락전 앞자리는 원추리꽃이 산중 화원에 화려한 색을 입힌다. 석가모니 부처님을 모신 대웅보전 앞마당은 붉은 배롱나무꽃의 차지다. 오래된 돌탑은 얼마나 긴 세월 동안 이 아름다운 풍경을 오롯이 즐겨왔을까.

전국의 이름난 사찰들을 찾아다니는 걸 좋아한다. 절이 좋은 이유는 오래된 절집이 주는 안온함 때문이기도 하지만 절에 이르는 아름답고 풍성한 숲길이 주는 상쾌함 또한 빼놓을 수 없다. 가깝게는 경상도로부터 시작해 전라도, 충청도, 강원도까지 웬만한 사찰들은 가보았다. 도심에 있는 사찰들이야 어쩔 수 없다고 치더라도 깊은 산중에 자리 잡은 절들에도 개발 바람이 불어 닥치고 있는 것 같아 아쉽다. 시주를 받아 새로 당우를 짓고, 좁은 흙길을 아스팔트나 시멘트로 포장하는 일련의 과정에서 절을 둘러싸고 있던 숲들도 파헤쳐지고 있다.

사실 이해 못 할 것은 아니다. 사찰의 본래 모습을 되찾기 위한 복원 공사를 하는 일도 있고, 절을 찾아오는 사람들의 편의를 위한 시설들도 물론 필요하니까. 하지만 어떻게 하느냐 하는 것이 문제다. 가급적이면 자연과 조화를 이루고 본래의 모습을 훼손하지 않는 방법을 찾는 진지한 고민이 필요할 것이다.

그 오랜 세월 그 자체로 자연(自然)이었던 것들이 인간의 욕심 때문에 사라져 버렸다. 사람이 편해지면 편해질수록 자연은 상처받기 마련이다. 그리고 자연이 상처받으면 결국은 사람도 영향을 받을 수밖에 없다. 어차피 사람도 자연의 일부분, 그것도 아주 작은 일부분일 수밖에 없기 때문이다.

불영사의 매력 역시 일주문을 지나 절에 이르는 호젓한 숲길이 아닐까 한다. 시원스럽고 맑은 계곡을 따라 구불구불 끊어질 듯 이어진 불영사 숲길은 어느 때 찾아도 늘 만족스러운 웃음을 절로 짓게 만들어 준다. 쉬엄쉬엄 느린 걸음으로 걸어도 10여 분 정도면 불영사 앞마당에 다다를 수 있다.

바로 옆을 흐르는 시원한 계곡물이 한여름의 무더운 공기를 식혀 주기에 충분하다. 불영계곡을 따라 난 널찍한 길을 따라 걸어가노라면 잡다한 마음속 번뇌를 모두 잊어버릴 만하다. 아름다운 풍광과 맑은 공기, 아래로 흐르는 맑고 깨끗한 계곡물. 이 모든 것이 자연과 불영사가 인간에게 선사하는 선물처럼 느껴진다.

매번 불영사를 찾아도 질리지 않는 것이 다 이것 때문인 것 같다. 늘 똑같은 모습인 듯 계절마다 조금씩 다른 모습을 보여준다. 늘 같은 자리에서 비슷한 구도로 사진을 찍으면서도 그 순간은 늘 처음 대하는 모습처럼 마음이 흡족하다. 물론 그 어느 때에도 결과물에 만족한 적은 단 한 번도 없었지만.

한참 길을 걷다 보면 세차게 흐르던 계곡이 숨을 고르듯 완만하게 굽이쳐 흐르는 곳을 만나게 된다. 바위에 단단히 뿌리 내린 소나무들이 햇빛을 받으려고 가지를 뻗어내는 모습은 삶의 강력한 의지를 일깨워주는 듯하다. 불영사에 오게 된다면 이곳에서 잠시 쉬어 가시길. 한참을 걸어오다가 조금 지칠 때쯤 만나게 되는 이곳에 서서 굽이쳐 흐르는 계곡의 물소리를 들어보시라. 맑고도 힘찬 소리에 부질없는 욕심과 까닭 모를 미움들이 사그라지지 않을까.

석가모니 부처님을 모신 불영사의 중심 법당인 대웅보전은 보물 제1201호로 지정되어 있다. 법당 앞에 심어놓은 배롱나무 두 그루에서 붉은 꽃이 피어날 때면 삼층 석탑과 함께 고즈넉하면서도 화려한 느낌으로 사람들을 맞이한다.

어떤 강물이든 처음엔
맑은 마음 가벼운 걸음으로
산골짝을 나선다

사람 사는 세상을 향해 가는 물줄기는
그러나 세상 속을 지나면서 흐린 손으로
옆에 사는 물도 만나야 하고
이미 더럽혀진 물이나
썩을 대로 썩은 물과도 만나야 한다

이 세상 그런 여러 물과 만나면서
그만 거기 멈추어 버리는 물은 얼마나 많은가
제 몸도 버리고 마음도 삭은 채
길을 잃은 물들은 얼마나 많은가

그러나 다시
제 모습으로 돌아오는 물을 보라
흐린 것까지 흐리지 않게 만들어
데리고 가는 물을 보라

결국 다시 맑아지며
먼 길을 가지 않는가

때 묻은 많은 것들과 함께 섞여 흐르지만

본래의 제 심성(心性)을 다 이지러뜨리지 않으며
제 얼굴 제 마음을 잃지 않으며
멀리 가는 물이 있지 않은가 - 도종환, 「멀리 가는 물」

그저 잠시라도 좋다. 이내 불영사를 떠나면 다시 복잡 미묘한 세상살이에 물들어 때가 끼고 마음의 빛이 바래도 상관없다. 그것이 인간의 모습이고, 속세를 살려면 그리할 수밖에 없는 것이니까. 어차피 삶의 본질은 달라지지 않는다 해도, 가끔은 이렇게나마 모든 걸 내려놓고 산이 되어, 바람이 되어, 물이 되어, 혹은 부처님의 마음이 되어 나를 바라보는 것도 좋을 것 같다. 아주 잠깐만이라도.

나의 사찰 기행 역시 앞으로도 계속될 것이다. 앞으로의 여행은 좀 더 느린 것이어야 하겠다. 두 발로 걸으며 천천히 구석구석을 살펴보며 자연과 대화를 할 수 있다면 더욱 좋겠다. 전문적인 공부를 한 것은 아닌지라 수준 높은 글과 사진을 남기기는 어렵겠지만, 어떤 방식으로든 그간의 그리고 앞으로의 행적들을 기록으로 남기고 싶은 욕심이 난다. 하지만 그마저도 헛된 욕심일 수도 있을 것 같다. 그저 고요한 아침에 고요한 산사의 숲을 거니는 것만으로도 충분히 행복한 일일 테니까.

열두 번째 여행지 울진

부드러운 모래와 쪽빛 동해를 맨발로 느낄 수 있는, 망양 해변

그리 넓지 않은 해변이다. 모래가 무척 부드럽다. 신발을 벗고 맨발로 걷는 감촉이 아주 좋다. 바닷바람 맞으며 산책하듯 모래사장을 걷다 보면 시원한 쪽빛 동해를 만난다.

바지를 둥둥 걷어 올리고 잔잔한 파도가 이따금씩 포말을 일으키며 오르내리는 해안을 따라 걷는 즐거움은 이루 말할 수가 없다. 하늘이 온통 파란 가을날이면 더더욱 멋진 잠깐 동안의 해변 산책이 될 수 있다. 아직 걸어보진 못했지만, 달빛이 은은한 밤바다는 더욱 환상적이지 않을까.

▌여기는 어떨까? 많이 알려진 명소는 아니지만, 동해의 푸른 바다를 여유롭게 만끽할 수 있는 곳이다. 말 그대로 바다 빛깔이 쪽빛이다. 물이 얼마나 맑고 푸른지 확 트인 바다를 보면 마음까지 상쾌해진다. 경북 울진군 기성면 망양2리 7번 국도를 끼고 펼치진 자그마한 해변이 바로 내 마음속의 동해다.

포항에서 울진에 이르는 동해안 국도 7호선 구간도 지난 몇 년간 큰 변화가 있었다. 그 오래전에는 해안선을 따라 구불구불 펼쳐진 2차선 도로를 따라 서너 시간을 달려서야 겨우 울진에 다다를 수 있었다. 지금은 모든 구간이 왕복 4차선 도로로 확장 개통이 되어 대구에서도 2시간 남짓이면 도착하는 가까운 곳이 됐다.

추억의 7번 국도를 따라 오가던 바닷가의 모습도 많이 바뀌었다.

넓지 않은 해변이지만 모래가 무척 부드러워 맨발로 걷는 감촉이 아주 좋다. 바닷바람 맞으며 산책하듯 모래사장을 걷다 보면 시원한 쪽빛 동해를 만난다.

조만간 옛길들은 사람들의 추억 속에만 남아있게 될 것이다. 이 해변이 일출 명소라고 해서 울진군에서 큼지막한 대게 조형물을 설치해두었는데, 오히려 자연스러운 경관을 망쳤다는 불만들이 많다. 내 생각에도 없을 때가 훨씬 나았다 싶긴 하다.

그리 넓지 않은 해변이다. 모래가 무척 부드럽다. 신발을 벗고 맨발로 걷는 감촉이 아주 좋다. 한여름이면 햇볕을 받아 따끈따끈하지만, 화상 입을 정도는 아니니 한 번쯤 걸어보는 것도 좋겠다. 바닷바람 맞으며 산책하듯 모래사장을 걷다 보면 시원한 쪽빛 동해를 만난다.

바지를 둥둥 걷어 올리고 잔잔한 파도가 이따금 포말을 일으키며 오르내리는 해안을 따라 걷는 즐거움은 이루 말할 수가 없다. 다른 유명한 명소를 제쳐놓고 이곳을 소개하는 이유가 바로 여기에 있다. 하늘이 온통 파란 가을날이면 더더욱 멋진 잠깐 동안의 해변 산책이 될 수 있다. 아직 걸어보진 못했지만, 달빛이 은은한 밤바다는 더욱 환상적이지 않을까 하는 생각이 든다.

말이 나온 김에 울진 얘기를 해봐야겠다. 이 지역이 참 애매하다. 부산이나 대구에서 올라오기도, 서울이나 수도권에서 내려오기에도 멀게 느껴지는 곳이다. 그래서인지 밑에서 올라오는 사람들은 대부분 영덕 강구나 고래불 해변에 머물고, 서울에서 내려오는 사람들은 강릉에서 놀거나 기껏 해봐야 동해, 삼척까지가 그 심리적 한계인 것 같다.

물론 여름 행락철이면 불영계곡, 왕피천을 비롯한 울진 지역의 여러 휴가 명소에도 수많은 인파가 몰려들긴 하지만 다른 지역보단 적은 것이 사실이다. 그런데 살펴보면 사실 울진만큼 모든 것을 완벽하게 갖춘 휴양도시도 많지 않다. 산이면 산, 강이면 강, 바다면 바다, 뭐 하나 빠질 게 없다.

우리나라 최대의 금강소나무 군락지를 보유하고 있을 만큼 울창한 숲에다 국내 최대 규모의 왕피천 생태·경관보전지역을 흐르는 맑고 깨끗한 왕피천, 그리고 청정한 푸른 바다 동해는 울진이 자랑하는 보물들이다. 여기에 백암온천과 덕구온천이라는 좋은 휴양지에다 월송정, 망양정 등 많은 문화재도 보유하고 있다. 며칠 머물며 관광도 하고 휴양도 즐길 수 있는 최적의 환경을 갖추고 있다.

휴가철이나 이런저런 일로 자주 들렀었기에 예전부터 울진은 친근한 동네였다. 인연이 되었던지 길다면 길고, 짧다면 짧았던 8개월간의 울진 생활 덕분에 애착이 더욱 깊어졌다. 그 시간 동안 함께 했던 풍경들, 사람들과의 추억 때문이겠지. 볼거리, 먹거리 많은 울진에 가시게 된다면 기성면 망양 해변에도 들러보시길. 꼭 한번 맨발로 걸어보시기를 권해드린다.

잔잔한 파도가 오르내리는 해안을 따라 걷는 즐거움은 이루 말할 수가 없다. 언젠가 달빛이 은은한 밤바다를 걸어볼 그 날을 늘 상상해본다.

열두 번째 여행지 울진

왕이 피난 왔던 오지에서 천혜의 비경을 간직한 생태 관광지로, 왕피천

너무나 깊이 있어 쉬 찾기 어렵다. 가파른 절벽과 협곡, 세찬 물줄기와 깊은 소(沼)가 어우러져 사람들의 발길을 가로막는다. 무모하게 들어섰다 목숨을 잃은 이도 많았다. 하지만 위대한 자연 앞에 겸손한 마음으로 다가선다면 언제든 왕피천은 그 넓고 깊은 품으로 안아줄 것이다. 왕이 피난을 왔던 오지였던 이곳이 천혜의 비경을 간직한 생태 체험지로 변신해 그대를 초대하고 있다. 청바지에 튼튼한 운동화 챙겨 한번 떠나봄이 어떠할까.

■ 망양 해변에서 쪽빛 동해와 부드러운 모래를 느끼고, 불영사에 들러 부처님 그림자를 뵙고 돌아 나오는 길에 이곳에서 잠시 쉬어 가시길. 이제 우리의 발걸음은 국내에서 가장 큰 규모의 생태·경관보전지역인 왕피천 안으로 들어선다. 왕피천 유역 생태·경관보전지역은 왕피천 일원의 우수한 자연 생태계와 이 지역에서 서식이 확인된 수달, 산양 등 멸종 위기종 및 희귀 야생 동·식물의 서식지 보전을 위해 생태·경관보전지역으로 지정·고시되었다.

지정 범위는 울진군의 왕피천 유역과 통고산, 천축산, 대령산 자락 등을 포함하는 102.84㎢(약 3천만 평)의 광활한 지역으로 이는 지금까지 지정된 생태계 보전 지역 가운데 최대 규모이다. 이전까지 최대 규모였던 동강 지역의 1.6배, 서울 여의도 면적의 약 35배에 달한다.

왕피천 유역 생태·경관보전지역은 핵심구역 45.35㎢, 완충구역 55.64㎢, 그리고 전이구역 1.85㎢로 구분되어 있다. 환경부에서 2005년 10월에 우선 핵심구역을 생태계 보전 지역으로 지정·고시하고, 이후 2006년 12월에 완충 및 전이구역에 대해서도 추가 지정·고시하여 관리하고 있다.

왕피천 유역은 녹지자연도 8등급 이상 지역이 전체의 약 95%를 차지할 정도로 식생이 우수하고, 계곡과 하천이 어우러진 빼어난 자연경관을 보유하고 있는 지역으로 수달, 산양, 매, 삵, 담비 등 다수의 멸종위기종과 희귀 동식물이 서식하고 있다.

민간환경단체인 녹색연합에서 지난 2002년 환경부에 왕피천에 대한 보전 대책 수립을 요청함에 따라 이를 환경부에서 수용하고, 해당 지방자치단체인 울진군과 영양군에서 주민 의견을 수렴한 후 이에 적극적으로 협조하여 생태·경관보전지역 지정이라는 결실을 보게 된 것이다.

봄기운이 완연한 5월 초순 왕피천의 풍경. 겨우내 잎을 떨어뜨렸던 나무에 새잎들이 돋아나 푸른 신록으로 충만하다. 계곡을 흐르는 시원한 물소리가 들리는 듯하다.

왕피천은 태백 산지의 수비 분지에서 발원하여 동해로 유입되는 하천이다. 길이는 60.95km, 유역면적 513.71㎢로 비교적 작은 규모라고 할 수 있다. 왕피천 발원 후 경사가 급한 동사면으로 유입하면서 하천의 양안이 하방침식(下方浸蝕)에 의하여 대칭적으로 깊은 골짜기를 이뤄 계곡이 깊고 경관이 수려할 뿐만 아니라, 일부 구간은 차량 접근이 불가능하여 자연 그대로의 모습을 간직하고 있다.

왕피천이 지나는 곳에 왕피리가 있다. '왕피(王避)'라는 지명은 고려 말 공민왕이 홍건적의 난을 피해 피신하였다고 하여 붙여진 이름이라고 한다. 이에 대해서는 삼국시대 이전 삼척과 울진 지역을 지배하던

울진의 4월은 아직 겨울이다. 금강소나무는 모진 눈보라 속에서도, 푸른 하늘 아래서도 그 위엄을 잃지 않는다. 금강송은 2011년 6월에 산양과 더불어 왕피천 유역 생태 · 경관 보전 지역의 깃대종으로 선정되었다.

실직국의 왕이 강릉 지역을 지배하던 부족국가 예에 쫓겨 피난 왔다 하여 그런 이름이 붙었다는 얘기도 있다.

그만큼 골이 깊고 길이 험하다는 반증이기도 하다. 왕피리 일대에는 지난 1994년부터 정착한 한농복구회를 중심으로 한때 12개 마을 천여 명 정도의 주민이 거주했으나 지금은 국외로 많이 이주해 일부만 남아 있을 뿐이다. 오지이긴 하지만 오염되지 않은 청정한 자연환경을 활용한 친환경 유기농을 구현하고 있는 것으로 알려져 있다.

하천의 길이는 짧지만, 왕피천에는 맑은 물에서만 서식하는 버들치를 비롯하여 연어, 황어 등 어종이 풍부하며, 매년 연어 치어 방류행사가 왕피천 하류에서 이루어지고 있다. 어류뿐만 아니라 이곳 왕피천 일대에는 산양, 수달, 사향노루 등의 다양한 멸종위기동물과 산작약 등 멸종위기식물이 서식하고 있는 것으로 조사되었다. 또한, 왕피천 유역은 불영계곡과 더불어 울창한 금강송들이 군락을 이루고 있다.

왕피천을 찾는 방법은 다양하다. 울진군 근남면에서 성류굴 방향의 도로를 따라 하류에서 올라갈 수도 있고, 영양군 수비면에서 장수포천을 따라 상류에서 내려가거나 울진군 금강송면 삼근리에서 박달재를 넘어가는 방법도 있다. 하지만 그 어떤 루트를 택하더라도 한꺼번에 왕피천 전체를 둘러보기는 어렵다.

왕피천이 가진 자연 그대로의 청정함과 아름다움을 간직하는 것도 중요하지만, 국민이 향유할 수 있도록 하는 것도 중요한 일이다. 왕피천은 환경부에서 지정한 전국 열두 곳의 생태 관광 지역 중 하나다. 울창한 숲과 굽이쳐 흐르는 맑은 시냇물이 어우러져 천혜의 비경을 간직한 왕피천을 한 걸음 한 걸음 걷다 보면, 자연의 아름다움과 소중함을 절실히 느낄 수 있다. 주민들이 예약 탐방제를 운영하고 있어 자연

환경 해설사의 안내를 받을 수 있고, 식사 예약도 가능하다고 한다.

왕피천 생태·경관보전지역에는 탐방로가 조성되어 있다. 1코스는 탐방 안내소에서 출발해 골안교를 거쳐 한천 마을에 이르고, 2코스는 굴구지 마을에서 출발해 속사 마을에서 마친다. 3코스는 박달재, 거북바위, 수곡삼거리를 거쳐 수곡리까지다.

왕피천의 비경 용소에는 불영사를 지을 당시, 아홉 마리 용 가운데 한 마리가 이곳으로 와서 살았다는 이야기가 전해진다. 가파른 협곡 사이를 왕피천이 유유히 흐른다. 이 협곡을 막아 댐을 만들려던 계획이 무산된 덕분에 아름다운 절경을 오래도록 간직할 수 있게 되었다.

이 중 용소를 비롯해 학소대, 거북바위 등 왕피천 협곡의 모습을 제대로 감상할 수 있는 굴구지-속사 구간이 가장 인기다. 굴같이 생긴 아홉구비를 넘는다는 뜻을 가진 '굴구지' 마을에서 협곡과 절경의 왕피천 탐사가 시작된다. 협곡 사이로 흐르는 하천을 따라 걷노라면 마치 한 폭의 그림처럼 진경이 펼쳐진다.

트래킹에 나서면 대표적인 오지 마을이었던 상천동 가는 길이 제일 먼저 나타난다. 낭떠러지를 끼고 차 한 대가 겨우 드나들 만한 좁은 길이 2km 정도 이어진다. 옛 모습의 원형이 일부 남아있어 우리나라 오지 마을의 흔적을 엿볼 수 있다. 문명의 혜택을 받지 못한 채 깊은 산골에 들어와 살았던 오지 마을 사람들의 삶을 상상해본다.

상천초소를 지나 탐방로로 접어들면 마을 주민들이 다니던 옛길이 나온다. 왕피천 상류 지역인 왕피리의 거야 마을, 속사 마을에 사는 할머니들이 시집올 때 가마를 타고 온 길이란다. 생면부지(生面不知)의 지아비를 찾아, 집도 사람도 보이지 않는 험한 산길을 걸었을 할머니들의 고단한 삶이 떠오른다.

묵묵히 길을 걷다 보면 왕피천의 비경 용소에 다다른다. 용소는 불영사를 지을 당시 용 아홉 마리가 머물렀는데, 그중 한 마리가 이곳으로 옮겨 와 살았다는 이야기가 전하는 곳이다. 실제로 어른 5명 정도 들어갈 수 있는 크기로 용이 입을 벌리고 있는 모양의 용바위가 있다.

양쪽으로 깊은 암벽을 끼고 왕피천이 흐른다. 과거에는 기에 눌려 사람들이 절대 다닐 수 없었고, 굉장히 신성한 곳으로 인식되어 기우제도 지냈다고 한다. 돌이켜 생각해보면 이 협곡을 막으려고 했던 국토부의 속사댐 건설 계획이 무산된 것이 얼마나 다행스러운 일인가.

너무나 깊이 있어 쉬 찾기 어렵다. 가파른 절벽과 협곡, 세찬 물줄기와 깊은 소가 어우러져 사람들의 발길을 가로막는다. 무모하게 들어섰다가 목숨을 잃은 이도 많았다. 하지만 위대한 자연 앞에 겸손한 마음으로 다가선다면 언제든 왕피천은 그 넓고 깊은 품으로 안아 줄 것이다. 왕이 피난을 왔던 오지였던 이곳이 천혜의 비경을 간직한 생태 체험지로 변신해 그대를 초대하고 있다. 청바지에 튼튼한 운동화 챙겨 한번 떠나봄이 어떠할까.

굽이굽이 언덕을 넘으면 왕피리 마을이 옹기종기 모여있다.

어느 가을날 속사 마을 앞 왕피천 모습

코스모스 하늘거리는 평화롭고 한적한 마을

누군가가 하늘에 구름으로 그림을 그려놓은 듯하다.

왕피천에도 가을이 짙게 내려앉았다.

바람도 잠들어 거울처럼 잔잔한 용소에 가을 풍경이 비친다.

열세 번째 여행지 해남

달마산 돌 병풍을 둘러치고 다도해를 앞마당에 심은, 미황사

누군가 미황사를 두고 이렇게 표현했다. "달마산의 돌 병풍을 뒤에 둘러치고, 해남과 진도 일원의 다도해(多島海)를 앞마당 삼아 있다."라고. 미황사에 도착해 주변 사방을 둘러보면 그 표현이 정말 딱 들어맞는다는 생각이 절로 든다. 초행길에는 달마산의 돌 병풍에 반했었다. 하지만 대웅전에 서서 저 멀리 손에 잡힐 듯 보이는 다도해의 섬들을 바라보고 있노라면 남도의 이 작은 사찰이 지닌 매력에 누구라도 푹 빠질 수밖에 없을 것 같다.

▮ 남도를 향한 그리움에는 따로 이유가 없다. 자주 가볼 수 없어서, 맛깔난 음식들이 많아서, 때 묻지 않은 청정함이 남아있는 곳이라서…. 사실 이유를 대자면 또 못 댈 것도 없지만 늘 머릿속에서 전라도를 떠올릴 때면 그저 막연한 동경과 호기심, 그래서 무작정 떠나고 싶게 만드는 큰 힘이 마음 깊은 곳에서 요동치는 것을 느낄 수 있다.

나 역시도 기회가 될 때마다 전라도 땅을 여러 번 찾았던 적이 있다. 나름 이름난 유적지나 관광지를 찾아 사람들은 떠나지만, 그곳에서 배우고, 느끼며 가슴에 품어오는 것은 사람마다 다를 것이다. 먼 길을 달려 그저 관광 안내 책자에 소개된 것만 잠깐 찾아보고 오는 것은 허망한 일이다. 아는 만큼 보일 것이니 좀 더 많이 볼 수 있으려면 더 많이 공부해야 하는 이유가 바로 여기에 있지 않을까.

절을 좋아한다. 그렇다고 해서 불심이 충만한 신자는 아니다. 그저 고즈넉한 산사에 갔을 때 느껴지는 포근함이 좋고, 절을 감싸고 있는 산자락과 어우러지는 누각과 당우들을 카메라에 담는 순간이 좋기 때문이다. 그래서 몇 해 전부터 작정하고 주변의 이름난 고찰들을 돌아보고 있다.

전국에 수백 수천의 절이 있을 것이다. 이 중에서 어딜 가볼까 선택하는 것은 늘 고민거리다. 관광객들의 발소리, 말소리로 번잡한 큰 절보다는 조용히 사색할 수 있고, 내려놓을 수 있는 작은 절들이 좋다. 그런 작은 절에는 시(詩)가 어울린다. 화려한 어휘로 포장된 것이 아닌, 마음을 비우고 온전한 나의 모습을 바라보는 묵언의 시라야 한다. 시(詩)란 말[言]과 절[寺]이 합쳐진 말이다. 때마침 풍경 소리가 그윽하게 울려 퍼져도 좋겠다.

누군가 미황사를 두고 이렇게 표현했다. 달마산의 돌 병풍을 뒤에 둘러치고, 해남과 진도 일원의 다도해(多島海)를 앞마당 삼아 있다고. 미황사 대웅보전은 달마산으로 인해 더욱 돋보인다.

달마산 정상부에 있어 구름이라도 낀 날이면 선계에 와있는 듯한 느낌을 준다. 도솔암에 이르는 오솔길에서는 기암들과 서해의 장쾌한 풍경이 한 손에 잡힐 듯 들어온다.

대구에서 만만찮은 거리에 있는 땅끝 해남으로 떠날 수 있게 해준 건 사진 한 장 덕분이었다. 달마산을 병풍처럼 두르고 있는 우리나라 육지 최남단 사찰, 해남 미황사의 모습이었다. 파란 하늘을 배경으로 뉘엿뉘엿 넘어가는 오후의 햇살을 받아 붉게 빛나는 대웅전과 달마산의 기암(奇巖)들이 절묘한 아름다움을 뽐내고 있었다.

아~ 이렇게나 아름다운 절이 있었구나! 차로 서너 시간을 달려야 하는 부담은 있었지만, 멋진 풍경을 직접 볼 수 있다면 그 정도 고생쯤은 충분히 감수할 수 있었다. 땅끝의 바다 내음은 신선했다. 불과 몇 시간 전에 숨 쉬던 공기와는 확연히 달랐다. 수백 km의 거리만큼이나 내 마음도 내가 살던 곳에서의 기억에서 저만치 멀어질 수 있다면 좋으련만.

생전 처음 와보는 해남에서의 꿈같은 하룻밤을 보내고 아침 일찍 짐을 꾸려 달마산 아래 미황사로 향했다. 바닷가라 그런지 아침 안개가 자욱했다. 도로 근처에 있는 작은 저수지의 안갯속 풍경이 마치 그림 같았다. 똑딱이 카메라로도, 사진을 제대로 배우지 못한 아마추어 사진가라도 그저 셔터만 누르면 작품이 나올 것 같은 풍경이었다.

어디에라도 잠시 차를 세우고 이 멋진 풍광을 카메라에 담고 싶었지만, 고민하다 그대로 지나쳐 온 것이 지금도 그저 아쉬울 따름이다. 황홀할 정도로 고요했던 아침 풍경은 내 마음속에 남아있으니 언제라도 아름답게 미화해서 기억할 수 있겠지만, 다른 이들과 공유할 수 없음은 안타까운 일이다.

미황사는 대흥사에 딸린 말사지만 남도에서 가장 유명한 템플스테이를 운영하는 절이기도 하다. 불과 십수 년 전만 해도 이곳 미황사는 대웅전, 세심당, 요사채 등의 몇몇 당우만 남아있었지만 큰 불사를 일으켜 지금은 꽤 큰 규모의 사찰로 변모했다.

누군가 미황사를 두고 이렇게 표현했다. "달마산의 돌 병풍을 뒤에 둘러치고, 해남과 진도 일원의 다도해(多島海)를 앞마당 삼아 있다."라고. 미황사에 도착해 주변 사방을 둘러보면 그 표현이 정말 딱 들어맞는다는 생각이 절로 든다. 초행길에는 달마산의 돌 병풍에 반했었다. 하지만 대웅전에 서서 저 멀리 손에 잡힐 듯 보이는 다도해의 섬들을 바라보고 있노라면 남도의 이 작은 사찰이 지닌 매력에 누구라도 푹 빠질 수밖에 없을 것 같다.

개인적으로 미황사에 대한 느낌을 얘기하자면 '돌담의 절'이라고 얘기하고 싶다. 군데군데 오밀조밀하게 있는 당우들을 둘러싸고 있는 아기자기한 돌담들이 지금도 기억에 남는다. 스님들께서 정진 중이라 곳곳에 말소리와 발소리를 내지 말아 달라는 묵언(默言) 안내판들이 곳곳에 세워져 있어 내딛는 발걸음조차도 조심스러워진다.

좀 더 시원한 풍광을 보고 싶다면 달마산 도솔암에 오르는 것이 좋다. 차 두 대가 비켜 가기도 힘든 산길을 차로 오르면 도솔암 중계탑

주차장에 도착한다. 그때부터는 오직 두 다리에 의지해 걸어야 한다. 오솔길을 따라 한참을 걷다 보면 웅장하게 솟아오른 달마산의 돌 병풍들의 모습이 위풍당당하다.

눈길을 돌리면 들판과 바다가 시원스럽게 펼쳐진다. 도솔암 가는 길에서 만나는 풍경은 금강산과도 비견될 정도로 아름다움을 자랑한다. 둘이 나란히 걷기도 힘든 좁은 오솔길을 걷고 있노라면 속세의 여러 번뇌가 씻기듯 사라짐을 느낀다. 절에 가지 않아도, 부처님께 절을 올리지 않더라도 절로 몸과 마음이 경건해진다. 무언의 가르침을 주는 사색의 길이라 하지 않을 수 없다.

여유로운 걸음으로도 삼십 여분이면 도솔암에 당도할 수 있다. 그 길의 끝, 바위틈에 요새처럼 자리 잡은 암자 하나가 나타난다. 바위틈 사이를 석축을 쌓아 메우고 그곳에 흙을 채워 암자를 세운 것이라 하는데, 건너편 절벽에서 바라본 도솔암의 모습은 가히 선계(仙界)라 부를 만하다. 운무가 짙게 드리운 날에 다시 이곳을 찾아 구름 위를 걷듯 노닐고 싶다.

유홍준 교수는 『나의 문화유산답사기』 그 첫 권을 발간하면서 남도 답사 일 번지로 전남 강진과 해남을 당당히 소개하고 있다. 물론 그는 전북 부안을 두고 많은 고민을 했음을 이후에 고백했지만, 내가 직접 가 봤던 느낌으로도 강진과 해남이 그 영광의 주인공이 되기에 전혀 부족함이 없어 보인다.

사실 해남 땅은 우리 역사에 있어서 주역이었던 적이 별로 없었던 것 같다. 조선 시대 유배지(流配地) 중 한 곳으로 이름을 남기긴 했다. 이렇듯 해남이란 고을은 수천여 년 민족사의 중심에 서지 못한 변방에 불과했다. 하지만 그로 인해 지금껏 자연 그대로의 멋이 잘 보존되어 있다는 것 또한 역사의 아이러니라 할 수 있겠다.

멋진 풍경과 어우러진 인문 여행지에 감동받고 돌아가는 길에 남도의 진한 맛까지 긴 여운(餘韻)으로 남는다면 아마도 최고의 여행으로 기억될 수 있을 것 같다. 산과 들과 강 그리고 바다까지 품어 안고 있는 고을답게 그 풍부한 재료를 맛깔나게 담아내는 음식 솜씨 또한 둘째가라면 서러워할 동네가 또 남도 아니던가. 땅끝 해남에 왔지만 고산(孤山) 윤선도의 흔적을 찾아 떠나려던 보길도와 세연정의 풍광과는 언제쯤 마주하게 될 수 있을지 기약이 없다. 그리움이 더욱 깊어질 수밖에 없는 이유다.

언제가 될지는 모르겠지만 나는 분명 땅끝 해남을, 이곳 미황사를 다시 찾게 될 것이다. 다음번에 미황사를 찾을 때는 해가 서해의 깊은 품으로 안겨갈 때를 놓치지 않으리라. 그 따뜻한 부처님 마음 같은 미황사의 모습을 내 눈과 마음 그리고 카메라에 온전히 담아오고 싶다.

군데군데 오밀조밀하게 위치하고 있는 당우들을 둘러싸고 있는 아기자기한 돌담들로 인해 미황사는 '돌담의 절'로 기억된다.

열네 번째 여행지 통영

이 골목 끝에 네가 서 있다면 좋을 텐데, 동피랑

그런 생각을 해본 적이 있다. 누군가 모질게도 그리운 그 사람이 바로 지금 걷고 있는 골목 끝에 서있다면 얼마나 좋을까 하는. 골목 모퉁이를 돌아서면 그리운 얼굴 하나 나를 반겨준다면. 이제 주변의 골목들과 친해질 시간을 가져봐야겠다. 전혀 새로울 것이 없고, 이채롭지도 않은 풍경에서 아름다움을 찾아내고, 만들어낼 수 있는 것이 사진을 찍는 사람의 책무라고 하니까 말이다. 얼마의 시간이 지나면 또 사라져버릴 지도 모를 그 길 끝에서 혹여 너를 만나게 될 지도 모를 행운을 기대해보면서.

■ 통영은 매력적인 도시다. '통영'이란 이름은 임진왜란이 끝난 뒤인 1604년에 삼도수군통제사 이경준이 통제영을 지금의 통영시인 두룡포로 옮기면서 시작되었다고 한다. 시로 승격되면서 충무공의 시호를 딴 충무라는 명칭을 쓰다가 1995년에 통영군과 도농 통합이 이루어지면서 다시 원래 이름을 되찾았다. 통영과 충무라는 이름 모두 그 옛날 남해를 지키던 조선 수군에서 연유한 것이라 보면 된다. 세병관, 충렬사 같은 유적이 통영의 과거를 묵묵히 증언한다.

너른 바다를 마주하고 있는 항구도시답게 활달하고 풍성하다. 조선시대 통제영에 물품을 공급하던 공방 장인들의 미감(美感)이 장쾌한 바다의 DNA를 만나 수많은 예술가를 낳았다. 시인 김춘수, 유치환, 김상옥, 소설가 박경리, 작곡가 윤이상에 이르기까지 그들의 면모는 화려하다. 화가 이중섭 또한 이 도시에 머무르면서 많은 작품을 남겼으니 통영은 예술적 감성의 샘터라 부를 만하다.

시인 백석 또한 통영과 인연이 깊다. 그는 이루지 못한 사랑을 시로 남겨 통영의 아름다움을 예찬했다. 평북 정주가 고향인 백석이 천릿길도 넘는 남해 바닷가에 와 사랑을 속삭였다니, 조금은 의아스러운 일이다. 첫눈에 반한 통영 처녀를 보기 위해 통영의 작은 샘터를 기웃거렸을, 누추한 옛 사당 돌계단에 쓸쓸히 앉아 시를 지었을 시인의 마음이 애잔하게 다가온다.

구마산(舊馬山)의 선창에선
좋아하는 사람이 울며 나리는 배에
올라서 오는 물길이 반날
갓 나는 고당은 갓갓기도 하다

전혀 새로울 것도 없고, 이채롭지도 않은 풍경에서 아름다움을 찾아내고, 만들어내고 싶다. 얼마의 시간이 지나면 또 사라져버릴 지도 모를 그 골목 모퉁이를 돌아서면 너를 만나게 될 지도 모를 행운을 기대하면서.

바람 맛도 짭짤한 물맛도 짭짤한
전복에 해삼에 도미 가재미의 생선이 좋고
파래에 아개미에 호루기의 젓갈이 좋고

새벽녘의 거리엔 쾅쾅 북이 울고
밤새껏 바다에선 뿡뿡 배가 울고
자다가도 일어나 바다로 가고 싶은 곳이다

집집이 아이만 한 피도 안 간 대구를 말리는 곳
황화장사 영감이 일본말을 잘도 하는 곳
처녀들은 모두 어장주(漁場主)한테
시집을 가고 싶어 한다는 곳
산 너머로 가는 길 돌각담에 갸웃하는 처녀는
금(錦)이라는 이 같고 내가 들은

마산(馬山) 객주(客主)집의 어린 딸은
난(蘭)이라는 이 같고

난(蘭)이라는 이는
명정(明井)골에 산다는데 명정(明井)골은
산을 넘어 동백(冬栢)나무 푸르른
감로(甘露) 같은 물이 솟는
명정(明井) 샘이 있는 마을인데 샘터엔
오구작작 물을 긷는 처녀며 새악시들 가운데
내가 좋아하는 그이가 있을 것만 같고
내가 좋아하는 그이는
푸른 가지 붉게붉게 동백꽃 피는 철엔
타관 시집을 갈 것만 같은데
긴 토시 끼고 큰머리 얹고
오불고불 넘엣거리로 가는 여인은
평안도(平安道)서 오신 듯한데
동백(冬栢)꽃 피는 철이 그 언제요

녯 장수 모신 낡은 사당의
돌층계에 주저앉어서
나는 이 저녁 울 듯 울 듯
한산도(閑山島) 바다에 뱃사공이 되어가며
녕 낮은 집 담 낮은 집 마당만 높은 집에서
열나흘 달을 업고 손방아만 찧는

내 사람을 생각한다

–백석, 「통영 2」

통영이 낳고 키운 예술인들. 그들의 후예들이 일궈낸 기적이 통영에 있다. 동피랑 마을이 바로 그곳이다. 동네 전체가 아름다운 벽화로 그려진 동화 같은 마을이라고들 얘기한다. 전국에서 수많은 사람이 이 아름다운 마을을 보기 위해 먼 길을 마다치 않고 달려온다. 그런데 이 동피랑 마을이 몇 해 전에 철거될 위기에 처했었고, 그 위기를 넘기고 지금과 같은 명소가 된 것이 다 그 '벽화' 덕분이라는 걸 정확히 아는 사람은 많지 않은 것 같다.

'동피랑'은 '동쪽 벼랑'이란 뜻이다. 동피랑 마을은 통영시의 대표적인 어시장인 중앙시장의 뒤편 언덕에 있다. 통영시에서는 이 자리가 원래 조선 시대 이순신 장군이 설치했던, 통제영(統制營)의 동파루가 있던 곳이었기 때문에 낙후된 지역인 이 마을을 철거하고 동파루를 복원해 주변을 공원으로 조성할 계획을 세웠다.

당초 계획대로 마을이 철거되었다면 아마도 지금 이 자리에는 깔끔하게 잘 가꿔진 공원이 들어서 있을 것이다. 바로 아래 항구가 훤히 내려다보이는 전망 좋은 곳이라 아마도 많은 관광객이 찾고 있을지도 모를 일이다. 하지만 이 계획이 알려지자 한 시민 단체에서 이 마을을 지키기 위해 전국 벽화 공모전을 열었고, 이 대회에 전국의 미술대학 학생 등이 참가해 마을의 담벼락에 형형색색의 벽화들을 그려 넣기 시작했던 것이다.

벽화 소문이 나기 시작하자 전국에서 많은 사람이 이곳을 찾기 시작했고, 또 이 마을이 철거될 위기에 빠져 있다는 것이 알려지면서

이 마을과 벽화를 지켜야 한다는 여론이 비등(沸騰)하기 시작했다. 결국, 통영시는 마을 철거 계획을 철회하고 마을 정상에 있는 가옥 세 채만 철거한 후 그 자리에 동파루를 복원하는 것으로 방향을 선회하게 된다.

예술가들의 고향 통영은 너른 바다를 마주하고 있는 항구도시답게 활달하고 풍성하다. 조선시대 통제영에 물품을 공급하던 공방 장인들의 미감(美感)이 장쾌한 바다의 DNA를 만나 수많은 예술가를 낳았다.

놀라운 일이다. 시민의 힘으로 그 거대한 파괴(破壞)를 막아냈다는 자체가 그야말로 드라마틱한 상황이라 하지 않을 수 없다. 꼬불꼬불 좁다란 골목길을 따라 마을 입구에서 꼭대기까지를 한 바퀴 돌아보는 내내 그 수많은 벽화가 그 큰 역할을 했다는 것을 알고 나서는 벽화들이 단순한 그림으로만 여겨지지 않았다.

각지에서 수많은 사람이 동피랑을 찾다 보니 마을 사람들에겐 좋은 일만 있는 것 아닌 것 같다. 좋기는커녕 성가신 일이 오히려 더 많을 수도 있을 것이다. 그래서인지 동피랑의 벽화 골목을 따라 조금만 올라가다 보면 '부탁의 말씀'이라는 안내 문구를 만나게 된다. 그동안 주민들이 느꼈을 불편들이 고스란히 느껴져 잠시 머물다가는 이방인의 마음이 편치만은 않았다.

주민들의 생활에 피해가 생기지 않도록 집안을 기웃거리거나 지붕에 올라가거나 하지 말아 달라는 말씀이고, 무턱대고 주민들에게 카메라를 들이대지 말아 달라는 부탁이다. 모두가 다 당연한 얘기들이다. 그런데도 여전히 상식이 통하지 않는 일도 많은가 보다. 이곳은 이름난 관광 명소이기 전에 수많은 주민의 생활의 터전인 만큼 타인의 삶에 대한 호기심은 잠시 내려놓는 게 좋겠다. 가난한 삶이 철없는 이들의 감성 사진 소재로 전락하는 서글픈 현실도 바뀌었으면.

이 동피랑 마을의 담벼락에 그려져 있는 벽화는 주기적으로 교체되고 있다. 시간이 흘러 이곳을 다시 찾아왔을 때 마음에 꼭 들었던 벽화가 사라져 버렸다면 그것 또한 아쉬운 일이겠지만, 새로운 벽화들로 채워지는 동피랑을 초행자의 호기심 어린 눈으로 둘러보는 것도 충분히 흥미롭겠다. 벽화는 지워지더라도 각자의 가슴 속에 추억으로 깊이 새겨질 테니까.

정말 그런 생각을 해본 적이 있다. 누군가 모질게도 그리운 그 사람이 바로 지금 걷고 있는 골목 끝에 서 있다면 얼마나 좋을까 하는. 골목 모퉁이를 돌아서면 그리운 얼굴 하나 나를 반겨준다면. 동피랑에 갈 때마다, 좁고 가파른 골목길을 걸을 때마다 드는 생각이다.

골목. 어릴 적만 해도 참 친근한 공간이었다. 하루 대부분을 보냈던 곳이 집이 아니라 골목이었을 때도 많았을 테니까. 그런데 어느 순간부터 우린 골목으로부터 멀어졌다. 하늘 높은 줄만 알고 위로 올라만 가는 고층 아파트에 살면서, 도심의 빌딩에 차를 타고 출퇴근을 하는 수직적 공간의 삶에 익숙해지면서 우리는 가끔 마주치게 되는 수평

지향의 골목이 생소하게 느껴지기 시작했다.

우리의 골목만 유별난 것일까. 건축가 오영욱은 우리나라 산동네의 수많은 골목은 그 생성 과정이 산토리니의 그것과 다르지 않다고 했다. 그럼에도 불구하고 똑같은 대우를 받지 못하는 이유는 트라우마처럼 심장에 각인된 고통과 가난의 기억 때문일지도 모른다고 나름의 견해를 밝힌 바 있다.

동피랑 마을의 벽화는 주기적으로 교체된다고 한다. 아마 이 벽화는 지금쯤이면 사라졌을 지도 모를 일이다. 그 빈자리를 새로운 그림이 채워주고 있을 테지.

나 역시 그의 의견에 공감한다. 재개발이라는 이름으로 이제는 사라져버린 그 수많은 골목에는 가난과 고통스러운 삶이 함께 녹아 있었음을 부인하기 어렵다. 이제 얼마 남아있지 않은 골목들도 마찬가지일 것이다. 하지만 그 골목이 언제나 고달프고 서글픈 공간만이 아닐 수 있는 것은 그 골목에 기대어 사는 이웃들의 삶과 따뜻한 정이 있기 때문이 아닐까 생각해본다.

이제 주변의 골목들과 친해질 시간을 가져봐야겠다. 전혀 새로울 것이 없고, 이채롭지도 않은 풍경에서 아름다움을 찾아내고, 만들어 낼 수 있는 것이 사진을 찍는 사람의 책무라고 하니까 말이다. 얼마의 시간이 지나면 또 사라져버릴 지도 모를 그 길 끝에서 혹여 너를 만나게 될 지도 모를 행운을 기대해보면서.

열다섯 번째 여행지 청도

그래서 그곳이, 그대가 그립다,
운문사

시간에 구애됨이 없이, 사람에 구애됨이 없이 그저 나 혼자만의 오롯이 누릴 수 있는 풍경이요, 자연의 소리요, 절대 고독의 시간이다. 마치 모든 것이 이 순간 멈춰져 버린 듯하다. 그 속에서 내가 모든 것의 주인이 되는 만족감을 느낀다. 오래된 절집의 주인도 나요, 비와 바람과 구름의 주인도 나요, 그 속을 또 쉼 없이 흐르는 시간의 주인도 나인 듯하다.

▌특별히 새로울 것이 없는 곳일지라도 마음이 끌리는 곳이 있다. 운문사 역시 내게는 그런 좋은 기억으로 남아있는 곳 중의 하나다. 청도 호거산에 있는 운문사는 비구니 스님들의 수행도량으로 유명하다. 1997년에 우리나라에선 최초로 조계종 운문승가대학이 설립되어 교육과 연구 기관의 역할을 수행하고 있는데 지금도 많은 비구니 스님들이 수학 중이다.

운문사는 좀 특별하다. 호거산에 자리 잡은 운문사는 절에 들어서는 입구의 울창한 소나무숲이 아주 인상적인 곳이다. 물론 비구니 스님들의 수행도량으로 정갈하면서도 단아한 멋을 빼놓을 수 없기도 하다. 산사라고는 하지만 넓은 평지에 자리를 잡고 있어 일정한 호흡을 유지한 채로 절을 한 바퀴 여유롭게 둘러볼 수 있다는 것도 좋다.

산지에 이렇게 넓은 평지가 있다는 것도 신기한 일인데, 이 넓은 운문사 경내가 항상 깨끗한 데에는 다 이유가 있는 것 같다. '하루 일하지 않으면 하루 먹지 않는다.'라는 불가의 백장청규(百丈淸規)를 철저히 지키고 있다. 경내에 들어서면 남쪽 편에 승가대학이 자리 잡고 있는데 스님들의 수행을 위해 일반인의 출입은 엄격히 통제되고 있다.

앞서 얘기했듯 운문사는 비구니 사찰이다. 모든 절이 단아하고 잘 정돈된 것은 마찬가지겠지만, 그래도 비구니 스님들의 도량에는 뭔가 아기자기한 맛이 있다. 여느 사찰보다 닫힌 곳이 많은 탓에 신비스러운 느낌도 더해진다. 적당히 감추고 가릴 줄 아는 것, 이것은 세상을 사는 우리에게 던져진 하나의 가르침일 지도 모르겠다.

운문사 경내에는 우리나라 사찰 가운데 가장 큰 규모를 자랑하는 만세루와 대웅보전, 미륵전, 작압전, 관음전, 명부전, 금당 등 많은 전각이 남아있는데, 대부분은 조선 시대에 중창된 것들이다. 기록에 따르면 운문사는 신라 진흥왕 21년인 560년에 세워졌지만, 임진왜란 때 절이 불타 없어졌고, 조선 숙종 때 중건한 것으로 전해지고 있다.

보물 제835호로 지정된 대웅보전을 비롯하여 금당 앞 석등, 동호, 원응국사비, 석조여래좌상, 사천왕석주, 3층 석탑 등의 많은 보물이 경내에 산재해 있다. 말 그대로 절 자체가 보물이라고 봐도 무방할 듯 싶다. 또 하나 운문사에서 빼놓을 수 없는 보물이 하나 있는데, 그것이 바로 처진 소나무다.

운문사 처진 소나무는 천연기념물 제180호로 지정되어 보호되고 있다. 범종각을 지나 운문사 경내에 들어서면 이 처진 소나무가 가장 먼저 눈에 들어온다. 높이가 9.4미터이고 둘레는 3.37미터로 한때는 반송(盤松)이라는 이름으로 불리기도 했지만 높이 3미터 정도에서 가지가 사방으로 퍼지면서 밑으로 처지기 때문에 처진 소나무로 부른다.

이 소나무의 수령은 약 400년 정도로 추정되고 있는데, 옛날에 고승 한 분이 시들어진 나뭇가지를 꺾어 심었다는 전설이 있다. 지금도 매년 봄, 가을마다 소나무가 잘 자라길 기원하며 뿌리 둘레에 막걸리를 물에 타서 뿌려주고 있다. 이런 연유로 '막걸리 열두 말을 마시는 소나무'로 이름이 난 것이다. 아는 만큼 더욱 재미있는 산사 여행이 될 것이다.

여러 차례 운문사를 찾지만, 매번 같은 코스로 절을 둘러보게 되는 것 같다. 막걸리 열두 말을 마신다는 처진 소나무를 지나 새로 지어진 대웅보전을 한 바퀴 휘돌아 만세루와 옛 대웅보전 앞을 서성이게 된다. 여러 채의 당우 가운데 유일하게 마음에 들지 않는 것이 웅장한 모습의 새 대웅보전이다. 십여 년 전에 처음 운문사에 왔을 때나 지금이나 그 마땅찮음은 여전하다.

운문사 만세루는 대웅전과 동일한 축선에 놓인 중심 영역에 있으면서도 창호 없이 사방을 열어 경상도 지역의 사찰에서는 보기 힘든 형태를 보인다. 아마도 평지에 놓인 사찰이어서 호남 지역의 건축 형태와 유사성을 보이는 것으로 여겨진다.

돌로 자연스럽게, 너무 위압적이지 않은 높이로 석축을 쌓아 올린 오래된 사찰들의 전각에서 느껴지는 자비로움이 도통 느껴지지 않아서다. 오래된 것이 주는 형언할 수 없는 깊고 고요함이 이곳엔 없다. 독특한 형태의 기와 또한 사찰 지붕에서 흔히 볼 수 없어 이채롭다. 월출산 도갑사에 있는 2층짜리 대웅보전의 모습도 그러했던 것으로 기억된다.

막걸리 열두 말을 마신다는 운문사의 처진 소나무. 수령이 400년을 훨씬 넘었다고 하는데, 수많은 전란 속에서도 그 생명을 이어가고 있는 귀한 존재다. 매년 봄마다 막걸리를 물에 타서 뿌려주는 등 스님들이 정성을 다해 소나무를 지켜나가고 있다.

예전에는 절에 가도 법당에 들어가 절하는 법이 없었다. 무언가 좀 어색한 느낌이 들었던 것 같다. 아니면 부처님에게 빌고 싶은 간절한 무언가가 없었던 탓일까. 그러던 것이 어느 때부터인가 조금 달라졌다. 사람들의 발길이 드문 외떨어진 전각에 모셔진 부처님 앞에 무릎을 꿇고 잠시 마음을 내려놓는 시간을 갖는다. 불전함에 소박한 정성을 넣고 절을 하기도 한다. 마음에 평안한 고요가 물결치는 순간이다.

얼마나 오래되고 큰 절인가, 유명하고 많은 신도가 찾는 절인가는 중요하지 않다. 오히려 그런 절은 가급적 피하게 된다. 절을 관광 목적으로 찾는 게 아니라면 그런 절들은 오히려 사람들의 마음으로부터 절을 멀어지게 한다. 어느 책의 제목처럼 절은 절하는 곳이요, 마음에 고인 시(詩)를 홀로 읊어보는 곳이면 좋을 것 같다. 운문사는 딱 그런 절이라서 좋다.

여행을 다닌다거나 사진을 찍는 사람들은 날씨에 민감한 편이다.

만세루에서 비를 피하고 있는 젊은 남녀가 눈에 들어온다. 사랑하는 사람을 바라보는 그 따뜻한 눈빛, 서로를 생각하는 애틋한 마음들이 혼탁한 세상을 지탱해주는 3%의 소금물인지도 모르겠다.

물론 흐린 날은 흐린 대로, 비가 오는 날은 또 그런대로 맛과 정취가 있는 법이긴 하지만 아무래도 파란 하늘이 여백을 채워주는 것과는 차이가 있으니까. 기왕의 여행길이 화창하기를 기대하는 것도 당연한 욕심이다.

그래도 그런 날이 있다. 아무리 날씨가 좋지 않고, 맘에 드는 사진 한 장 건질 기대조차 없는 날이라도 어디든 떠나고 싶은, 떠나야만 하는 날도 있는 법이다. 무작정 일을 접고 운문사로 떠났던 어느 여름날도 그러했다. 처음 가보는 것도 아니요, 운문사에 푹 빠져 있던 것도 아닌데 그날따라 갑작스러운 일탈의 행선지가 운문사였던 것도 묘한 일이다.

인연(因緣)이라 부른다. 뭐라 규정지을 수 없는 무수한 일들은 인연이었다 그렇게 생각하는 편이 수월하다. 다 그렇게 될 인연이었고, 그곳으로 발걸음을 뗄 수밖에 없었던 인연이었다고 말이다. 무심하게 다녔던 운문사가 조금은 다른 의미로 다가온 것은 아마도 『나의 문화유산답사기』에 나오는 운문사 이야기를 접하고 나서의 일이다.

"야, 저 소리를 어떻게 사진으로 담아가는 방법은 없나."

『나의 문화유산답사기』 2편 「산은 강을 넘지 못하고」 속에 나오는 대목이다. 이 짧은 한마디가 책을 덮고 나서도 한참이나 마음을 울렸다. 운문댐 건설로 인해 수몰 지역 철거가 한창 진행 중이던 1992년에 운문사 인근의 한 중학교 교정에서 울려 퍼지던 브라스밴드가 대천리 마을 하늘에 장송곡 가락처럼 길게 퍼지던 순간이 눈앞에 아스라이 그려진다.

운문사의 봄날 풍경. 호거산의 나무들은 물을 머금어 신록을 더해가고, 절집에는 봄꽃들이 피어나 화사하다.

몇 대를 이어 살아오던 집과 마을, 산과 들과 강이 이어진 익숙한 풍경들, 존재의 근원이 되어주던 삶의 터전이 송두리째 물에 잠기는 것을 지켜본다는 것이 어떤 느낌일까. 하루아침에 고향을 잃고 뿔뿔이 흩어져야 하는 사람들. 생각해보니 그리 오래전 일도 아니었다. 원래부터 이 자리에 댐이 있었던 것이려니 무심코 보아 넘겼고, 푸른 호수의 장관에만 시선을 빼앗겼던 무심함이 많이도 미안해졌다.

비구니 스님들의 수행도량으로, 매년 막걸리 서너 말을 마신다는 처진 소나무 얘기로, 가을날 단풍잎이 노랗게 물들면 더할 나위 없이 아름다운 절 정도로 각인되어 있었던 운문사였지만, 이제는 운문댐 아래 잠들어 있는 그 오래전 사람들의 삶의 터전과 세월을 함께 느껴 보려 노력한다.

그날의 운문사는 쉼 없이 떨어지던 빗소리로 기억된다. 금세 그칠 것 같았던 비는 아무런 준비도 없이 산사를 찾았던 무방비 상태의 나그네를 운문사에 고립시켜 버렸다. 간혹 우연처럼 만나게 되는 이런 시간이 오히려 고맙다. 잠깐의 조바심은 이내 사라지고 이루 표현할 수 없는 편안함이 나를 감싼다.

시간에 구애됨이 없이, 사람에 구애됨이 없이 그저 나 혼자만의 오롯이 누릴 수 있는 풍경이요, 자연의 소리요, 절대 고독의 시간이다. 마치 모든 것이 이 순간 멈춰져 버린 듯하다. 그 속에서 내가 모든 것의 주인이 되는 만족감을 느낀다. 오래된 절집의 주인도 나요, 비와 바람과 구름의 주인도 나요, 그 속을 또 쉼 없이 흐르는 시간의 주인도 나인 듯하다.

물결이 다하는 곳까지가 바다이다
대기 속에서
그 사람의 숨결이 닿는 곳까지가
그 사람이다
아니 그 사람이 그리워하는 사람까지가
그 사람이다 - 고은, 「그리움」

만세루에서 비를 피하고 있는 젊은 남녀가 눈에 들어온다. 함께 하는 시간의 단 한 순간도 놓치기 싫은 듯 연신 풍경과 그네들의 모습을 카메라에 담고 있다. 사랑하는 사람들의 모습은 언제 봐도 참 아름답다. 사랑하는 사람을 바라보는 그 따뜻한 눈빛, 서로를 생각하는 애틋한 마음들이 혼탁한 세상을 지탱해 주는 3%의 소금물인지도 모르겠다.

잦아드는 비를 맞으며 운문사 경내를 한 바퀴 돌아본다. 운문사 구석구석에 자신의 피와 땀이 배어있다는 누군가의 말이 떠올라 웃음이 난다. 잠시 발걸음을 멈추고 바람 속에 담겨있을 그 사람의 향기를 헤아려 본다. 발자국을 따라 걸어보고, 시선을 좇아 흔적을 담아본다.

일주문에서부터 푸른 소나무숲의 싱그러운 향기가 가득하다. 차를 타기보다는 여유롭게 거닐며 풍경을 완상하고 운문사의 숨겨진 비경을 즐겨보는 것도 좋겠다.

사색과 치유의 풍경 여행